D1262125

CUCO SÁNCHEZ:
CIEN RANCHERAS

Cuco Sánchez: cien rancheras

Recopilación de

Mario Arturo Ramos

OCEANO

CUCO SÁNCHEZ: CIEN RANCHERAS

D. R. ©EDITORA MEXICANA DE MÚSICA INTERNACIONAL, S.A. de C.V.
D. R. ©PROMOTORA HISPANOAMERICANA DE MÚSICA, S.A. de C.V.
Mariano Escobedo 166, 2° piso, Colonia Anáhuac
Miguel Hidalgo, Código Postal 11320, México, D.F.

D. R. ©EDITORIAL OCEANO DE MÉXICO, S.A. de C.V.
Eugenio Sue 59, Colonia Chapultepec Polanco
Miguel Hidalgo, Código Postal 11560, México, D.F.
☎ 5279 9000 ℻ 5279 9006
✉ info@oceano.com.mx

PRIMERA EDICIÓN

ISBN 970-651-523-2

Índice

"Anillo de compromiso" con la canción mexicana

La mañana del 5 de octubre del 2000 a las 9:20 horas, en un sanatorio de la ciudad de México, a la edad de setenta y nueve años cerraba los ojos para siempre José del Refugio Sánchez Saldaña, compositor, autor e intérprete; la vida de Cuco Sánchez —uno de los elegidos de la canción ranchera— terminaba para dar paso a su leyenda. La misma comenzó el día 3 de mayo de 1921 (día de la Santa Cruz) en las faldas de la Sierra Madre Oriental, en un lugar llamado El Carmen Renovado de Benítez,[1] cercano a Altamira, Tamaulipas; desde luego el sitio reconocido como la tierra natal del cantor tamaulipeco es Altamira. Ese mismo año se creó la Secretaría de Educación Pública cuyo primer titular fue José Vasconcelos; fue el año del centenario de la consumación de la Independencia nacional, de la instalación de la primera radiodifusora mexicana en Monterrey, Nuevo León, que perteneció al ingeniero Taveras;[2] es el principio de la etapa posrevolucionaria del México moderno, los tiempos en que la nueva institucionalidad trata de erradicar a las fuerzas irregulares armadas que subsisten en el país con la ubicación de partidas militares en las zonas de conflicto; en estos movimientos militares José del Refugio Sánchez Herros, capitán primero del Ejército Constitucionalista fue comisionado a Altamira, población a la que se trasladó en compañía de su esposa, Felipa Saldaña Cabello, instalando su hogar en una cañada de El Carmen Renovado de Benítez. El capitán Sánchez era un diletante que tocaba varios instrumentos musicales y doña Felipa, una soldadera que "no cantaba mal las rancheras"; de esta manera

[1] Arturo Cruz Bárcenas, entrevista a Cuco Sánchez en *La Jornada*, 18 de diciembre de 1998.
[2] Juan S. Garrido, *Historia de la música popular en México*, Extemporáneos, México, 1981.

Cuco desde sus primeros días recibió una fuerte influencia de la música regional que, al ritmo del son huasteco, le despertó en la sangre, la voz y el alma el amor por la música.

La canción ranchera es un estilo plural de expresiones musicales que, agrupadas en torno a las interpretaciones del mariachi y los trovadores, se consolida en el siglo XX con la participación de autores-compositores-músicos-intérpretes, productores de películas, medios de información, compañías disqueras y empresarios de espectáculos que encuentran en esta forma una rica veta que agrupa distintos conceptos melódicos y géneros musicales, textos sentimentales y geográficos, con un lenguaje llano, de fácil comunicación, no exento de figuras literarias, de corridos, sones, jarabes, valses, marchas, tangos y, en la etapa contemporánea, boleros, baladas, blues y otros ritmos que se mezclan en un espectáculo sonoro lleno de lentejuelas y sombreros con adornos de plata. En sus primeros pasos Vicente T. Mendoza la define: "[...] Acervo de cantos, pródigos en aspectos y vivo aún en el campo viene a ser más mexicano, más nuestro, más enraizado en el alma mestiza de nuestro pueblo y debe ser llamado con propiedad 'canción ranchera'".[3] La irrupción del cine como espectáculo popular en México permitió que una buena cantidad de canciones fueran utilizadas como temas de películas. El surgimiento de ídolos de gran arrastre que cantaban con sabor ranchero logró masificarla, convertirla en vehículo de expresión testimonial e imaginativo, nostálgico y vigente como México.

Los viejos de Altamira cuentan que José aprendió a leer a los tres años, que poco tiempo después ya versificaba y cantaba canciones que, decía, eran producto de su inspiración, que a temprana edad lo llevó la familia a Ciudad Victoria, Tamaulipas, y más tarde a la ciudad de México, que a los catorce años a fue vecino de Tulyehualco y Xochimilco, lugares en que cultivó la tierra aprendiendo a quererla y a hacerle canciones, que muy jovencito selló un "anillo de compromiso" con la canción mexicana.

Realizó sus estudios en la escuela Revolución, ubicada a un costado de la Ciudadela en el centro histórico de la capital. La cercanía de este centro educa-

[3] Vicente T. Mendoza, *La canción mexicana*, Fondo de Cultura Económica, México, 1982.

tivo con la XEW fue importante para estimular la vocación de Cuco, ya que en sus programas triunfaban sus paisanos, los Trovadores Tamaulipecos —Ernesto Cortázar, Lorenzo Barcelata, Alberto Caballero, Antonio García Planes, Andrés Cortés Castillo y más tarde los nuevos integrantes José Agustín Ramírez y Carlos Peña—, con las canciones de Severiano Briseño (también de Tamaulipas) "El torito requezón" y "El tejoncito" que fueron consideradas como las primeras canciones rancheras dentro de la industria. Las constantes visitas del compositor a la radiodifusora le permitieron granjearse las simpatías de los ejecutivos de la misma y conseguir trabajo como cantante, siendo contratado por Emilio Azcárraga Vidaurreta en 1937, quien lo bautizó como "el benjamín de los compositores". Sus obras fueron bien recibidas por los "charros" y las "chinas poblanas" de moda, que con voz bravía le cantaban al amor y al desamor llevándolas a los acetatos con regular éxito; entre sus primeras obras grabadas hay que mencionar a "Las serranitas", "Mi chata", "Que me lleve el diablo", "Qué rechulo es querer", "Amores que van y vienen" y "Arrieros somos". Juan S. Garrido cuenta: "Refugio 'Cuco' Sánchez originario de Tamaulipas había iniciado su vida artística a los doce años, pero no había negociado la publicación de sus canciones. Su bolero 'Fallaste, corazón' era popular desde hacía muchos años y hasta 1954 no lo había editado. Fue en este año que vio publicado su bolero 'Indio' y las rancheras 'Mujer tenías que ser' y 'Yo también soy mexicano'".[4]

En los años cuarenta la radiodifusión, el cine y la prensa lograron colocar en un primer plano a la canción de tema campirano. La radio con su programación de los ídolos cantores(as) conquistó un buen número de oyentes, la cinematografía recreó la vida de las haciendas, sus pobladores y costumbres en tragicomedias llenas de fantasía que siguieron la ruta inaugurada por *Allá en el rancho grande*, las páginas de espectáculos de los diarios destacaron cualquier nota periodística que hiciera referencia a las figuras que, al grito de "México lindo y querido", se echaban al ruedo a interpretar canciones dolidas o bravías que emocionaban al pueblo. En 1940 Raúl de Anda (productor de cine), a sugerencia del Indio Fernández le dio la tarea a Refugio Sánchez de escribir las cancio-

[4] Juan S. Garrido, *op. cit.*

nes de la película *La vuelta del Charro Negro*. El éxito fue tal que fue llamado para realizar los temas musicales de *El gallo giro, Yo maté a Rosita Alvírez, Anillo de compromiso, La escondida*. En CBS (hoy Sony Music), compañía disquera, ocupaba la dirección artística el compositor Felipe Valdez Leal, a sus puertas llegó la noticia del talento del cantor-compositor tamaulipeco y, después de hacerle algunas pruebas procedió a seleccionarle repertorio para su primera grabación, combinando obras de compositores de prestigio con temas de la inspiración de Cuco, quien raudo y veloz se integró al catálogo de los grandes de la música popular.

En las dos décadas siguientes (cincuenta y sesenta), junto a Tomás Méndez, Rubén Fuentes y José Alfredo Jiménez, nuestro autor conforma la elite del canto ranchero. A Tomás pronto se le conoció como el compositor zacatecano ornitológico, a Fuentes como el jalisciense renovador del mariachi, a José Alfredo como el guanajuatense "rey" del pueblo, y a Cuco como el adolorido de Tamaulipas. Sus cantos —como intérprete y compositor— crearon un estilo propio parar decir el sufrimiento con el cual pronto se identificaron público e intérpretes; entre los de allende las fronteras debemos mencionar a "La Faraona" Lola Flores, Amália Rodrigues, Soledad Bravo, María Dolores Pradera, Chavela Vargas y otros de fama internacional. Las ventas logradas por sus acetatos permitió que grabara más de trescientas canciones y su producción como compositor llegó a reunir más de quinientos títulos. Participó como actor en las películas *Nacido para amar, No soy monedita de oro, Ferias de México, La cucaracha, Las cuatro milpas, Mi guitarra y mi caballo, Los amores de un torero, Charro a la fuerza, Guitarras, lloren guitarras*. En su faceta de creador musical realizó composiciones para *El gavilán pollero, Para que la cuña apriete, ¿Por qué peca esa mujer?, El lobo solitario, La vuelta del Charro Negro, Los tres alegres compadres, La rosa de oro, El tesoro de la muerte, El vengador solitario, El rey de México, La sierra del terror, Tres melodías de amor, Pablo y Carolina;* en sus presentaciones como cantante actuó en centros nocturnos, bares, palenques, cabaretes, programas de radio y televisión conquistando trofeos y reconocimientos por el digno ejercicio de su oficio: cantor.

Llegaron las telenovelas y él no podía estar ausente; trabajó en *Fallaste, co-*

razón, Guitarras, lloren guitarras, Simplemente María y *María Mercedes*. Por más de veinte años, en uno de los lugares de mayor tradición de la ciudad de México, los noctámbulos se emocionaron al escuchar el sentimiento y el sonido de las guitarras aunados a la verdad de "Qué manera de perder", "Anoche estuve llorando", "Aunque me cueste la vida", "Del cielo cayó una rosa", "No soy monedita de oro", "Hay unos ojos", "El compadre más padre", "Mujer ladina", "Te parto el alma", "Cuando te acuerdes de mí", "Grítenme piedras del campo", "La rosa de oro", "Nuestro gran amor", "Siempre hace frío", "Con la misma moneda", reafirmando "su amor del bueno" que les cantaba con rabia y ternura Cuco Sánchez.

El auge se detiene en los setenta. Los grandes ídolos se han marchado físicamente y otros envejecen, los nuevos compositores e intérpretes populares prefieren otros ritmos como expresión artística, la población rural reduce su número y se traslada a las ciudades. En ellas los lugares de música "ranchera" son cada vez menos, las radiodifusoras prefieren otra programación. Desde luego en la noche del 15 de septiembre no falta el mariachi, que sigue cantando con esa fe que sólo tienen los que aman la música popular, los que pueden pedir "grítenme piedras del campo".

Su vida no se puede entender sin sus canciones. Compositor lleno de ingenio, logró entablar una vía de comunicación con las masas, al reflejar en sus textos la experiencia propia y la colectiva. Su larga trayectoria tiene como elemento común la autenticidad y la imaginación, la fusión se logra en su voz que teje palabras y sonidos con un tono lastimero que atrapa a contagiados por la misma enfermedad del desamor. En los últimos años se revalora su trabajo —junto al de otros grandes—; Carlos Monsiváis dice al respecto: "Los ídolos del cine. Los ídolos del disco y el teatro de variedades. Un tiempo se les juzgó los representantes por excelencia de la ignorancia y el mal gusto congénitos de la plebe. Son en conjunto una teoría de la cultura popular, la serie de retratos ideales de las colectividades".[5]

Los años noventa no son fáciles para Cuco. Aparecen las enfermedades, la

[5] Carlos Monsiváis, "Del rancho al Internet", en *Ya leíste*, 1999.

edad cobra el precio, las presentaciones públicas son esporádicas, la canción ranchera pierde vitalidad, el sentido urbano se apodera de ella; Rocío Durcal —cantante española— es la reina y Juan Gabriel el ídolo. Él conserva el alma bohemia; escribe los últimos temas. En esta etapa decide realizar una serie de grabaciones, testamento histórico-artístico. Es su manera de vencer a la muerte, con canciones.

Este 2001 celebramos sus ochenta años y lo hacemos con su recital en vivo. Así celebramos a la canción ranchera a través de uno de sus personajes de mayor impacto que, sin duda, como compositor e intérprete, se ganó un lugar en la historia emocional de nuestro pueblo, ése que llora por el "destino cruel", le canta a la "perra vida" y a la "media luna"; lo celebramos, como merece que se le celebre, con *Cuco Sánchez: cien rancheras*.

Mario Arturo Ramos

Ranchera

A la noche con la luna

F
Vamos a cerrar
C7 F
la puerta al pasado,
vamos a enterrarlo
C7
allá en el olvido.

No voltiemos nunca
pa' trás en la vida
y vamos a querernos
F
como nadie ha querido.

Bb
A la noche con la luna
F
vas a ver cuánto te quiero,
C7
voy a darte un solo beso
F
pero por cada lucero.

C7
Ya que por tus besos vivo
F
y por tus besos muero.

F
Si un día te perdiera
C7 F
no, no vida mía
sólo de pensarlo
C7
me muero de angustia.

Quiero estar contigo
tan sólo contigo,
quiero que mis noches
F
nada más sean tuyas.

A la noche... *etcétera.*
F
Vamos a cerrar
C7 F
la puerta al pasado, *etcétera.*

A mi madrecita

C G7 C
Ya viene amaneciendo, cantan las aves de mil colores,
C G7 C
madrecita despierta que para ti he cortado mis flores,
C F
ya viene amaneciendo con alegres fulgores,
G7 C
hoy, mil veces bendita seas, madrecita de mis amores,
G7 C
hoy, mil veces bendita seas, madrecita de mis amores.

G7 C
Ángeles, querubines y serafines vienen bajando
G7 C
a cantar a tu lecho, madre querida, por ser tu santo,
F
ya viene amaneciendo con alegres fulgores,
G7 C
hoy, mil veces bendita seas, madrecita de mis amores,
G7 C
hoy, mil veces bendita seas, madrecita de mis amores.

G7 C
Yo quisiera bajar la más hermosa de las estrellas,
G7 C
coronarte con ella, para nombrarte la reina de ellas,
F
ya viene amaneciendo con alegres fulgores,
G7 C
hoy, mil veces bendita seas, madrecita de mis amores,
G7 C
hoy, mil veces bendita seas, madrecita de mis amores.

Doy mil gracias al cielo, por la alegría que ahora me da
de tenerte a mi lado para mi dicha y felicidad,
ya viene amaneciendo con alegres fulgores,
hoy, mil veces bendita seas, madrecita de mis amores,
hoy, mil veces bendita seas, madrecita de mis amores.

Ranchera

A prisión perpetua

F
Como el tiempo pasa
envejeciendo todo,
como el sol acaba
C7
por secar las plantas,
como el viento en forma
F
de huracán destruye,
C7
así tú acabaste
F
con toditita mi alma.

Bb
Pero yo te quiero,
F
te quiero hasta el alma,
C7
qué le importa al mundo
F
que seas buena o mala,
Bb
y aquel que no sepa
F
lo que es un cariño,
C7
me da mucha pena,
F
me da mucha lástima.

F
Como inmensa roca
que rodea los mares
y a prisión perpetua
C7
detiene sus aguas,
como fiera herida,
F
así está mi alma,
C7
pero tú llegaste
F
y ante ti soy nada.

Ranchera

¿Adónde estará mi amor?

F C7 F
Adónde estará mi amor,
C7
adónde estará mi amor,
con quién la andará gozando,
F F7
por quién diablos me cambió.

Bb
Te gusta verme sufrir,
C7
te gusta verme morir,
te gusta verme llorando,
F
llorando nomás por ti.

C7 F
Te fuiste sin avisar,
C7
sin darme un maldito adiós,
pero el gusto que me queda
F F7
que fui tu primer señor.

Bb
Te gusta verme sufrir,
C7
te gusta verme morir,
te gusta verme llorando,
F
llorando nomás por ti.

C7 F
Brindando me anocheció,
C7
brindando me amaneció,
no hay noche que no amanezca
F F7
brindando por ti mi amor.

Bb
Te gusta verme sufrir... *etcétera*.

Bolero ranchero

¿Adónde te hallas?

F
Adónde te hallas mujer,
adónde te hallas;
C7
por qué me dejas
F
y te alejas de mi vida.

F
A donde vayas mujer,
a donde vayas,
C7
te has de acordar
F
que fuiste tú mi consentida.

Bb
Quisiera ser paloma mensajera
F
para volar derecho a donde estás;
quisiera ser aquella nube pasajera
C7 F
para buscarte por el mundo sin cesar.

¡Ay!, cuánto extraño mi cielo,
cuánto extraño
C7
tus labios rojos que fueron mi
F
delirio;
por qué no vienes y calmas
el martirio,
C7
que estoy sufriendo por culpa
F
de tu engaño.

Bb
Voy a formar con todas las estrellas
F
tu lindo nombre en ese cielo azul
para que siempre te recuerden
todas ellas
C7
que la culpable de mis penas
F
eres tú.

Ranchera

Amorcito consentido

D A7
Amorcito consentido, ya no te acuerdas que fui
D
el amor de tus amores y que has llorado por mí,
A7
ese tiempo tan bonito ya nunca más volverá,
D
amorcito consentido, ¿cómo le haré pa' olvidar?

G D
¡Ay!, corazón, ya tú ves, nos tocó la de perder,
A7
ese amor que tú y yo quisimos tanto...
D
el destino nos lo dio pa' padecer...

A7
Hay momentos en la vida, que no se olvidan jamás
D
y esos que tú y yo pasamos, nada los podrá borrar;
A7
duele mucho, sí que duele, perder nomás porque sí,
D
amorcito consentido, cuánto he sufrido por ti.

G D
¡Ay!, corazón, ya tú ves nos tocó la de perder,
A7
ese amor que tú y yo quisimos tanto...
D
el destino nos lo dio pa' padecer...

Ranchera

Amores que van y vienen

Bb
Amores que van y vienen
Dmi7 Dbo F7
como las olas del ancho mar,
a pecho no hay que tomarlos,
Bb
hay que dejarlos nomás pasar.

Bb
Al mal paso darle prisa,
Dm7 Dbo F7
lo malo echarlo luego a volar,
porque el que con lumbre juega
Bb
tarde o temprano se ha de quemar.

Bb F7 Bb
Qué bonito, qué bonito
F7 Bb
es vivir con libertad,
F7 Bb
qué nos dura, si la vida
F7 Bb
se nos tiene que acabar.

Bb
Amores que van y vienen
Dmi7 Dbo
nunca hay que amarlos con gran
F7
pasión
y hay que tener cuidado
Bb
que no nos lleguen al corazón.

Bb
Pobre del que se apasiona
Dmi7 Dbo F7
con lo que nunca suyo ha de ser,
tendrá que pasarlas duras
Bb
porque maduras no han de caer.

Bb F7 Bb
Qué bonito, qué bonito... *etcétera*.

Ranchera

Ando muy borracho

```
F                 C7              F
Ando mucho, pero mucho muy borracho,
           C7                 F
por un amor que me trae mal herido.
                  C7              F
Ando mucho, pero mucho muy borracho,
           C7
y qué, y qué, qué me importa
           F
si me envicio.


                C7
Ay, cuánto sufrimos
                F
los que mucho amamos,
              C7
primero reímos
              F
y después lloramos.

Qué me importa
F7                  Bb
si hoy por mi puro gusto,
                       F
yo río... pues muy mi risa,
                C7
si lloro... muy mi llanto,

y si a alguno no le gusta
                       F
que vaya mucho al diablo.
```

Ranchera

Anillo de compromiso

C
Anillo de boda que puse en tu
mano,
anillo que es símbolo de nuestro
G7
amor,
que unió para siempre y por toda
la vida
a nuestras dos almas delante de
C
Dios.

Hoy vives sufriendo nomás por
mi culpa,
C7
perdona lo injusto que fui sin
F
querer,
creyendo que sólo con mucho
C
cariño
G7 C
podía darte todo maldita mi fe.

F
Anillo de compromiso,
F
cadena de nuestro amor,
G7
anillo de compromiso
que la suerte quiso
C
que uniera a los dos.

C
Soy pobre muy pobre y tú ya lo
has visto
G7
te he dado miseria, te he dado dolor

y aunque yo te quiera qué vale el
cariño
si no puedo hacerte feliz con
C
amor.

Si algún día recuerdas al pobre
que sueña,
C7
que lucha y se arrastra por querer
F
vivir,
jamás lo maldigas que al fin fue un
C
mendigo
G7 C
que quiso elevarse por llegar a ti.

F
Anillo de compromiso...
etcétera.

Ranchera

Anoche estuve llorando

Bb
Anoche estuve llorando
horas enteras
pensando en que sólo tú eras
F7
toda la causa de mi sufrir.
Mi vida por qué te alejas,
por qué me dejas
Bb F7
si sabes que en este mundo
Bb
sin tu cariño no he de vivir.

Ay, cómo sufre mi pecho,
por Dios no hay derecho
F7
que tú seas así,
Bb
no, ya no puedo aguantarme,
F7 Bb
si tú no regresas me voy a morir.

Bb
Anoche estuve llorando
horas enteras
pensando en ti, vida mía,
F7
el nuevo día me sorprendió,
después me quedé dormido
y en ese sueño
Bb F7
logré tenerte en mis brazos,
Bb
se fue mi llanto y murió el dolor.

Ay, cómo sufre mi pecho,
por Dios no hay derecho,
F7
que tú seas así,
Bb
no, ya no puedo aguantarme,
F7 Bb
si tú no regresas me voy a morir. &

Aquí está Heraclio Bernal

Ab
Aquí está Heraclio Bernal,
Eb7
el azote del gobierno,
viene dispuesto a mandar
Ab
malditos a los infiernos.

El día en que yo nací
Eb7
rugieron cielos y mares,
vente conmigo mi vida
Ab
para calmar mis pesares.

Decía Heraclio Bernal
Eb7
cuando iba a entrar en combate,
órale mulas maiceras
Ab
aquí está su mero padre.

El día en que me afusilen
Eb7
les va a costar un tesoro:
cien rifles de pura plata
Ab
cargados con balas de oro.

Sobre mi tumba no pongan
Eb7
ni cruz, ni piedras, ni nada,
que al fin se muere una vez
Ab
y el que se muere se acaba.

Aves de todos los rumbos
Eb7
vengan conmigo a cantar,
versos de un hombre valiente
Ab
y que fue Heraclio Bernal.

Ranchera

Árbol seco

Hace mucho tiempo que lloro, (G)
hace mucho tiempo que no pienso, (D7)
hace mucho tiempo que no imploro,
porque tiene tanto,
tanto que te fuiste,
que te estás perdiendo. (G)

Soy un pobre árbol (C)
deshojado y seco,
y aunque estoy de pie
yo sé que estoy muerto. (G)

Pero así mis ramas
desgarran el viento (D7)
como te desgarran
aún mis recuerdos. (G)

Mi alma fue tu esclava mucho (G)
tiempo,
nomás por tus ojos yo miraba, (D7)
nomás respiraba por tu aliento,
pero tiene tanto, que ya no me
acuerdo
si es verdad o sueño. (G)

Soy un pobre árbol... *etcétera.* (C)

Ranchera

Arrastrando la cobija

A
Arrastrando la cobija
D A
y ensuciando el apellido
voy por esta mugre vida
como pájaro perdido.

Dónde estás que no te encuentro,
A
dónde diablos te has metido,
E7
quién te anda goza y goza corazón,
A
vuelve conmigo.

E7
Ya no te quiero, ya no te quiero,
A
ya no te quiero, eso es mentira,
E7
mentira, mentira,
yo, yo sin ti me muero.

A
Arrastrando la cobija
D A
y ensuciando el apellido
voy por esta mugre vida
como pájaro perdido.

Dónde estás que no te encuentro,
A
dónde diablos te has metido,
E7
quién te anda goza y goza corazón,
A
vuelve conmigo.

Ranchera

Arrieros somos

F   C7   F
Arrieros somos y en el camino andamos,
y cada quien tendrá su merecido,
        C7
ya lo verás que al fin de tu camino
                              F
renegarás hasta de haber nacido.

Si todo el mundo salimos de la nada
                                C7
y a la nada, por Dios que volveremos,
                                        F
me río del mundo que al fin ni él es eterno,
          C7
por esta vida nomás, nomás pasamos.

        C7   F
Tú me pediste amor y yo te quise,
        C7   F
tú me pediste mi vida y te la di,
                  F7   Bb
y al fin de cuentas te vas, "pos" anda vete,
          C7   F
que la tristeza te lleve igual que a mí.

                         C7   F
Arrieros somos y en el camino andamos... *etcétera.*

Bolero ranchero

Arrullo

```
  C                      A7      D
Mi vida aquí vengo a ofrecerte mi canto,
                                   A7
porque tú me has hecho el ser más feliz
al darme un escuincle que es alma de mi alma,
                               D
ya Dios nos bendijo con un querubín.

                         A7      D
Perdón si interrumpo, mi vida, tus sueños
                                 A7
pero es que yo quiero estar junto a ti
y a nuestro hijito que es amor del mío
                                   D  A7  D7
dormido en mis brazos cantándole así:

G
A la rru rru niño,
      A7        D
a la rru rru ya,
                                A7
qué lindo se siente cantar este arrullo
                       D
sintiéndose ya papá.
```

Ranchera

Aunque me cueste la vida

C
Aunque me cueste la vida
G7
te vas a casar conmigo,
aunque ninguno lo quiera
C
lo nuestro está decidido.

Dios te puso en mi camino
G7
y a ver quién diablos te quita,
nacimos uno pa'l otro
C C7
qué suerte tan más bonita.

F
Como te quiero yo a ti
G7 C
por Dios que no quiere nadie,
G7
pa' que te aparten de mí
C
nomás tendrán que matarme.

C
Aunque me cueste la vida
G7
te vas a casar conmigo,
vas a quererme con ganas
C
yo sé por qué te lo digo.

Dicen que no te merezco,
G7
que junto a ti soy basura;
diles que tú tienes mi alma
C C7
y que yo tengo la tuya.

F
Como te quiero yo a ti... *etcétera.*

Ranchera

Ay, corazón de a peso

```
      G
Tanto tienes, tanto vales
                     D7
ésa es la ley de la vida,
y el que no tenga dinero
                       G
del mundo que se despida,
                     C
si Dios costó treinta duros
D7                 G
cuánto valdrá mi vida.

C
Ay, corazón de a peso,
yo tanto que te quiero,
D7                  G
corazón y salir con eso.

     G
El cariño no es cariño
                     D7
cuando se le pone precio,
y a mí me enseñó la vida
                  G
a pagarlo con desprecio
                           C
porque el que compra cariño,
D7                  G
es porque ya va pa' viejo.

C
Ay, corazón de a peso... etcétera.
```

'o son

Bolero indio

D
í en Toluca yo vivía lleno de
lusión
ıbrando mi frijol,
:ando mi maíz,
G
:amoneque tarixhua chichirihuí.
o un "güen" día,
D
: por cierto diez de mayo "jué",
ındo te conocí
lesde "entos" estoy
G
camoneque tarixhua chichirihuí.

C
A pie llegué hasta aquí
G
y a pie me voy a ir,
A7
pero antes quiero verte
D
flor de alhelía, niña gentil.

C
Sal al balcón por Dios,
G
si despierta ya estás,
D
sal mi vida a escuchar
este bolero indio que hizo
G
tu colás.

Brindo por ella

A
Brindo por ella,
que lejos se encuentra,
por ese amor
E7
que desgarra mi pecho,
aunque me dijo
que se iba pa' siempre
no la puedo borrar
A
de mi pensamiento.

Yo por confiado
le di mi cariño
porque creí
D
que su vida era yo.

E7 A
Pero pa' ella el cariño no vale
E7 A
y a mi pobre vida truncada dejó
E7
hoy lo que quiero es que Dios r
A
perdone,
E7 A
ya que ni basura valemos los do

A
Alcen sus copas y juntos brinden
por ese amor que da, o quita
E7
el destino,
ya que está visto que el hombre
más "hombre"
también llega a llorar cuando
A
pierde un cariño.

Yo la perdí, quiero ahogarme en
el vino,
quiero morir ya que al fin nada
D
soy,
E7 A
pero el destino matarme no quiere

E7
y entre más borracho más grande
A
es mi amor,
E7 A
quiero olvidarla pero es imposible,
E7
su amor me persigue como
A
maldición. 𝄋

Ranchera

La cama de piedra

Bb
De piedra ha de ser la cama,
de piedra la cabecera,
la mujer que a mí me quiera
me ha de querer de a de veras.
F7 Bb
¡Ay, ay, ay, corazón!, por qué no
amas.

Bb
Subí a la sala del crimen,
le pregunté al presidente
que si es delito quererte
que me sentencien a muerte,
F7 Bb
¡Ay, ay, ay, corazón!, por qué no
amas.

Bb
El día que a mí me maten
que sea de cinco balazos
y estar cerquita de ti
para morir en tus brazos.
F7 Bb
¡Ay, ay, ay, corazón!, por qué no
amas.

Bb
Por caja tengo un sarape,
por cruz mis dobles cananas,
y escriban sobre mi tumba
mi último adiós con mis balas.
F7 Bb
¡Ay, ay, ay, corazón!, por qué no
amas.

Huapango

Canta corazón, canta

D
Las rosas en primavera
F
dejan perfumado el viento,
F
dejan perfumado el viento
D
las rosas en primavera.

D
Nuestro amor cuando se muera
E
morirá de sentimiento
D
y tú seguirás gozando
D
a pesar de mi tormento.

E
¡Ay, corazón!
E
¡Ay, corazón!,
canta, canta tu dolor
E
corazón.

F
No hay amor correspondido
F6
en todito el ancho mundo,
F6
en todito el ancho mundo
F
no hay amor correspondido.

Am
Cuando uno está más engreído
Em
con el amor más profundo,
Fm
si es que siente una vez
D6
lo bajan a vagabundo.

E
¡Ay, corazón!
E
¡Ay, corazón!,
canta, canta tu dolor
E
corazón.

Canción vals

Cariño bonito

Bb
Eres agua limpia
F7
que mata la sed de mi alma,
eres aire puro
Bb
que a mi oído canta,
eres luz de luna
Bb7 Eb
que alumbra mis noches largas,
Bb
eres el regalo con que Dios
D7 G
premia a las almas.

G
Cariño bonito
D7
caricia temprana;
cariño bonito
G
que sabe a mañana.

D7
Cariño bonito
oración callada,
cariño bonito
G
cariño de mi alma.

Bb
Eres brisa fresca
F7
que el cielo lloró temprano,
eres melodía
Bb
de mi alegre canto.
Eres la razón
Bb7 Eb
que ha hecho brotar mi llanto,
Bb
eres lo que mi alma y corazón
D7 G
adoran tanto.

G
Cariño bonito... *etcétera.*

Ranchera

Cariño cariño

Gm D7
El día que te conocí
Gm
conocí la gloria pura *(bis)*.

G7 Cm G7
Mis ojos tuvieron fiesta
D7 Gm
al contemplar tu hermosura *(bis)*.

G7 Cm Gm
Ay, ay, ay, ay, ay, cariño
D7 Cm
cariño baila quedito
G7 Cm Gm
que quiero gozar tu amor,
D7 Gm
gozar poco a poquito.

Gm D7
En la rosa de los vientos
Gm
están dos nombres grabados *(bis)*.

G7 Cm Gm
Son nuestros nombres,
D7 Gm
querían un mundo de enamorados *(bis)*.

Ranchera

Cariño santo

F
Cariño santo mira cómo ando,
C7
toda la culpa la tienes tú,
te quiero tanto, Dios es testigo
F
tú eres mi vida y lo sabes tú... *(bis)*.

F Bb
No, no y no
C7 F
yo no te quiero perder,
C7 F
sin tu cariño se muere mi alma,
C7 F
yo sin tus besos qué voy a hacer
C7 F
si ando tomando para olvidarte
C7 F
no sé ni cómo te vuelvo a ver.

F
Cariño santo cuánto me duele
C7
que tus caricias no tenga yo
pero te juro que aquí en mi pecho
F
se está muriendo mi corazón.

F
Cariño santo cuánto me duele
C7
que tus caricias no tenga yo
pero te juro que aquí en mi pecho
F
se está muriendo mi corazón.

F Bb
No, no y no... *etcétera.*

Ranchera

Carta abierta

D
Voy a mandarte un papel
A7
escrito con letras de oro,
para decirte lo mucho
D
que te quiero y que te adoro;
Em
si lo ves medio borrado
A D
es por el llanto que lloro.

D
Alza los ojos y mira
A7
lo que está escrito en el cielo,
tu nombre y el mío formados
D
por estrellas y luceros,
Em
para que si alguien te viere
A D
sepa que yo fui primero.

D
Por pobre me despreciaste
A7
para ti no valgo nada,
te deslumbró más el oro
D
que el amor que yo te daba,
Em
pero el recuerdo que llevas
A D
ése no lo borra nada.

D
Ya con ésta me despido
A7
ahí te va esta carta abierta,
para que el mundo y tú sepan
D
que te amaré hasta que muera;
Em
no te preocupes por mí
A D
no necesito respuesta.

Ranchera

La chaparrita de oro

C
Por ai va la chaparrita
G7
contoneándose todita
con sus ojos grandototes
C
y su boca chiquitita.

C
Tiene cintura delgada
G7
y lo demás bien formado,
parece yegüita fina
C
de ésas que no han amansado.

Estribillo
C
¡Ay!, chaparrita de oro
G7
quién fuera cigarro de hoja
para que tú me encendieras
C
y me acabara en tu boca.

C
Estrellita marinera
G7
dime dónde está cupido,
porque de esta chaparrita
C
quiero ser su consentido.

C
¡Ay!, chaparra de mi vida
G7
mira qué casualidad
cada vez que quiero hablarte
C
te acompaña tu mamá.

Estribillo
C
¡Ay!, chaparrita de oro...
etcétera.

Ranchera

El charro

Bb
Sé que por ahí anda un tipo
que me anda buscando y me
F7
quiere matar;
a mí no me espanta el muerto,
Bb
si él carga pistola yo traigo puñal.

Bb
Bendito Dios que me hizo
hombre
y de éstos que nunca se saben
F7
rajar
pa' quitarle lo malora cualquiera
que guste
Bb
conmigo pelear.

Bb Bb7 Eb
No es que quiera presumir
Bb
es que digo la verdad,
yo soy de los charros
que nunca se rajan,
que nunca se rajan, palabra
F7
de honor,
y azote de ese habladorcito,
Bb
de ese fanfarrón y ese castigador.

Bb
Y al que no le guste
nomás que me diga para
Bb7
demostrarle
Eb
que soy cumplidor;

Bb
quisiera encontrar ese tipo sabroso
F7
nomás pa' quitarle lo puro
Bb7
hablador.

Bb
Rara vez que armo bronca
porque pocos son los que saben
F7
jalar
peleando como los machos
Bb
y no les importe perder o ganar.

Bb
Quisiera ver a ese tipo
que me anda buscando y me
F7
quiere matar,
también aquí hay muchas balas
y el charro que nunca se sabe
Bb
rajar.

Bb Bb7 Eb
No es que quiera presumir...
etcétera.

Ranchera

El charro chaparro

D
El mundo es de los chaparros,
A7 D A7 D
eso que ni qué, eso que ni qué,

y yo nací, pa' mi orgullo,
A7
chaparro también.

A7
Y como buen mexicano,

yo soy el charro chaparro
D
cantador y enamorado,
A7
y además, el consentido de la
D
mujer.

Estribillo
G
Yo soy el charro chaparro,
A7
que va por la vida feliz, feliz y qué.
B D
Voy de chamaca en chamaca
A7
meciéndome en el columpio de su
D
querer.

D
Nosotros los chaparritos
A7 D A7 D
cabemos re' bien, cabemos re' bien

dentro del corazoncito
A7
de cualquier mujer.

A7
Somos de lo más manuables,

correteables y alcanzables,

blancas, rubias o morenas, para
D
mí
A7 D
cualquiera es buena siendo mujer.

Estribillo
G
Yo soy el charro chaparro....
etcétera.

D
El primer chaparro que hubo,
A7 D A7
luego se hizo rey, luego se hizo
D
rey
y lo primero que hizo, poner esta
ley:
A7
que todo el hombre casado
A7
debe ser abusado,
y si engaña a su mujer,
D
que lo quemen si no vuelve
A7 D
a engañarla otra vez.

G
Yo soy el charro chaparro...
etcétera.

Ranchera

Cinco minutos más viejo

C
Cinco minutos más viejo
G
y los pasé junto a ti,
cinco minutos de vida
C
que me diste y que te di.

Cinco minutos más viejo
C7 F
Dios mío ni lo sentí,
C
así que pasen las horas,
G7
así que pasen los días.

C7 F
Así que pasen los años
G7 C
quiero envejecer a gusto,
G7
quiero envejecer a gusto,
C
envejecer junto a ti.

Ranchera

El compadre más padre

D
Yo soy Modesto
A7 D
el rey de todo el barrio,
con las chamacas
A7
me gusta vacilar.

Pero hay tres hembras
que son comadres mías
y ahí sí con ellas
D
soy hombre muy formal.

A7
Porque yo soy,
D
sin presumir,
A7
el compadre más padre.
D
que hay aquí.

Una es viudita
A7 D
que está desentrenada
y yo como hombre
A7
la tengo que enseñar.

A ahogar las penas
de mi pobre compadre
y la divierto
D
pa' que él descanse en paz.

A7
Porque yo soy... *etcétera*.

D
Mi otra comadre
A7 D
está recién casada
pero el compadre
A7
pues ya es mayor de edad.

Ella me dice
que sufre amargamente
y yo pues qué hago,
D
la tengo que alegrar.

A7
Porque yo soy… *etcétera*.

D
Y la tercera
A7 D
también es otro mango,
es solterita
A7
y allí pues ya ni hablar.

Ella no tiene
ni penas, ni un demonio
y es igualita que yo
D
pa' vacilar.

A7
Porque yo soy,
D
sin presumir,
A7
el compadre más padre.
D
que hay aquí.

Corazón apasionado

G
Corazón apasionado
ya no sufras, no seas tonto,
D7
manda al diablo tu dolor;
G
tú que fuiste siempre grande
D7
y entre todos preferido
G
ve nomás lo que eres hoy.

C G
Corazón, corazón apasionado
D7
si te sientes desgraciado
G
canta, canta tu dolor;
D7 G
deja que se lleve el viento
D7
tu penar, tu sentimiento,
y en la copa de otros labios
G
vuelve a embriagarte de amor.

Si te ven llorar solito
te dirán que eres cobarde
D7
que mereces compasión;
G
prefiero darte un balazo
D7
corazón y así acabamos
G
pero lástima no doy.

C G
Corazón, corazón apasionado... *etcétera.*

Corazoncito tirano

E
A donde quiera que voy
B7
te estoy mirando;
el viento me trae tu voz,
no hay música que oiga yo
E E7
que no me deje llorando.

A
Qué tierra pisando estás,
qué estrellas alumbrarán
E
tu camino bueno o malo,
B7
qué boca borrando está
los besos que yo te di,
E
corazoncito tirano.

E
A donde quiera que estoy
me acuerdo de ti,
mi alma se muere por ir
B7
juntito a tu alma;
el sol sin luz nunca es sol,
el mar sin agua no es mar
E E7
y yo sin ti no soy nada.

A
Qué tierra pisando estás...
etcétera.

Cuando se quiere, se quiere

```
      G
Primero se seca el mar,
                                  D7
primero el mundo se pierde,
primero se apaga el sol
                            G
que yo deje de quererte
G    D7   G
ay, ay, ay, corazón.

Te quiero, te quiero y qué,
                                D7
te quiero, y quién me lo quita,
tú ya naciste pa' mí
                        G
y yo pa' ti chiquitita
G    D7   G
ay, ay, ay, corazón.

      G
El rico tiene con qué,
                           D7
el pobre no tiene nada,
y yo teniéndote a ti
                          G
tengo la vida comprada,
G    D7   G
ay, ay, ay, etcétera.
```

Ranchera

Cuando te acuerdes de mí

(Hablado) ¡Ay!, alacrán de Durango,
bola de siete cañutos,
qué me les das a los que aman
que me los vuelves tan brutos.

C
(Cantado) Cuando te acuerdes
de mí
Dm7 G C
échate una copa a mi salud,
porque "onde" quiera que estés
G7
vas a acabar llorando a mares.

G7
Porque no vas a negar
que me llevas muy adentro
y aunque lo quieras o no
C
sigo siendo tu tormento.

F
Qué le vas a hacer *(Coro: Corazón)*
qué le vas a hacer *(Coro: Corazón)*
G7 C
si te estás muriendo por mi amor.

C G7
Qué le voy a hacer *(Coro: Corazón)*
qué le voy a hacer *(Coro: Corazón)*
C
si me estoy muriendo por tu amor.

Cuando te acuerdes de mí
Dm7 G C
échate una copa a mi salud,
que yo también estaré solo y sin ti
G7
llorando sangre.

G7
Porque no voy a negar
que también me estoy muriendo
y aunque yo diga que no,
C
sigues siendo mi tormento.

F
Qué le vas a hacer *(Coro: Corazón)*
qué le vas a hacer *(Coro: Corazón)*
G7 C
si te estás muriendo por mi amor.

C G7
Qué le voy a hacer *(Coro: Corazón)*
qué le voy a hacer *(Coro: Corazón)*
C
si me estoy muriendo por tu
amor.

Ranchera

De mano en mano

Bb Eb
Voy por el mundo llorando a mares,
F7 Bb
sin esperanzas que vuelvas más,
Eb
para esta herida ya no hay alivio,
F7 Bb
aunque volvieras a regresar,
F7 Bb
aunque volvieras a regresar.

Eb
Ya no te acuerdas que me adorabas
F7
y hoy sabe Dios quién tendrá tu
Bb
amor,
Eb
por tu cariño me eché a los vicios
F7 Bb
y ando rodando en la perdición.

Eb
Voy de mano en mano
F7 Bb
dizque pa' olvidarte
F7
pero no, no puedo,
Bb
corres por toda mi sangre,
F7 Bb
qué manera de adorarte.

Eb
Eso sí te pido,
F7 Bb
nunca, nunca vuelvas
F7
porque si te miro
Bb
puede ser que me arrepienta
F7 Bb
y en tus brazos pue' que muera.

Ranchera

Del cielo cayó una rosa

C
Del cielo cayó una rosa
G7
y en tu pelo se ha prendido,
dime qué tienen tus ojos
C
que con ellos me he perdido.

G7
Del cielo cayó una rosa
C
y en tu pelo se ha prendido,
del jardín, del aire vienes
G7
y por eso te escogí.

Ora aunque el mundo se oponga
C
tienes que ser para mí,
G7
del jardín, del aire vienes
C
y por eso te escogí.

C7 F
Que quede escrito en el cielo,
C
que quede escrito en el mar,
G7
que quede escrito en tu mente
que cada día yo te quiero más
C
y más.

C
Ayer tarde que paseaba
G7
por las calles de tu casa,
te estaba maullando un gato
C
pero era de mala raza.
G7
Ayer tarde que paseaba
C
por las calles de tu casa.

Si tienes por ahí amores
G7
tócales su retirada,
y ve haciendo tus maletas
C
que hoy te robo prenda amada.
G7
Si tienes por ahí amores.
C
tócales su retirada.

C7 F
Que quede escrito en el cielo...
etcétera.

Ranchera

Derecho a la vida

F
No me calienta ni el sol,
C7
yo creo que me está llevando;
parrandas y más parrandas
F
y no se acaba mi llanto,
Bb
de aquella suerte tan padre
F
qué poca me está quedando.

C7 F
Óyeme bien corazón
C7
pa' qué tanto sufre y sufre,
si el sol siendo el astro rey
F
lo tapa una triste nube;
Bb
dime infeliz corazón
F
qué orgullo es el que te sube.

C7
Dios mío dime por qué
F
yo he de sufrir día tras día,
C7
si soy tu hijo, Señor,
F
tengo también derecho a la vida.

F
No me calienta ni el sol,
C7
a ver si ahora nos perdemos,
ya que esta maldita suerte
nos trae de los meros cuernos;
Bb
si pierdes hoy corazón
F
pues ya ni llorar es bueno.

C7 F
Ya se acabó corazón
C7
la luz de nuestro camino;
pa' qué tantas ambiciones,
F
para qué son tantos brincos,
F7 Bb
si de este mundo traidor
C7
nos vamos como vinimos.

C7
Dios mío dime por qué...
etcétera.

Ranchera

La desentendida

F Bb
Siempre que te hablo de amores
F C7
te haces la desentendida
F C7
de falsa y de traicionera.
F
Eres como la baraja
F
hija de la... mala vida.

C7
Te gusta el trote del macho,
te gusta ponerte moños,
F
y hacerte la consentida,
te gusta jugar con hombres
F
como jugar con muñecas,
C7
y quién te ve tan humilde,
F
pareces mosquita muerta.

F Bb
Si porque te quiero mucho
F C7
piensas que voy a agüitarme
ai sí andas picando chueco,
F
tú sola te has hecho guaje
C7
porque yo soy de los hombres
F
que no le ruegan a naiden.

F Bb
No hay mal que dure cien años
F C7
ni enfermo que los padezca,
pensaste que con tu labia
F
iba a perder la cabeza.

C7
Quisiste jugar con dos
F
y te llevó la tristeza,
F Bb
siempre que te hablo de amores.

Te gusta ponerte moños,
F C7
te haces la desentendida,
F
y hacerte la consentida,
C7
te gusta el trote del macho
F
hija de la... mala vida.

Ranchera

Destino cruel

No sé qué hacer sin ti, corazón,
corazón,
me has dejado triste mi vida,
verdad de Dios,
me pegaste a traición ya no le hallo
qué hacer
de pensar que nunca nunca ya has
de volver.

Si supieras qué malvado es el
querer
y no ser correspondido a lo legal;
pero qué hago, me tocó la de
perder
pos' ni modo que me ponga yo a
llorar.

Hay amores que no saben
corresponder
y uno de ellos tú eres porque no
sabes amar,
pero debes saber que en la vida
fatal
todo cuanto se hace mal se ha de
pagar.

Lleva en cuenta que yo no me sé
rajar
y aunque sufra por tu ausencia he
de aguantar,
lleva en cuenta que te quise de
verdad
pero ya vendrá otro amor en tu
lugar.

Ranchera

Dos monedas

G
Jugamos la misma carta
D7
con diferentes apuestas,
perdí hasta el alma contigo
G
por causa de mi torpeza

En un altar te tenía,
todito yo
D7
te adoraba
y tú tranquila y feliz
G
con otro me mancornabas.

C
Lo que es del César al César,
G
lo que no sirva pa' juera,
D7
tengo pa' ti dos monedas
y hoy según tú lo que valgas
G
pones el precio que quieras

Jugamos la misma carta... *etcétera.*

Ranchera

Escaleras de la cárcel

F
Qué noches tan negras
C
para la prisión,
G7
suenan los candados,
C
late el corazón.

C
Cuando estaba yo en la cárcel
G7
solito me entretenía,
contando los eslabones
C
que mi cadena tenía.

Bartolinas de la cárcel,
G7
cuartos con cuatro paredes
donde encierran a los hombres
C
por causa de las mujeres.

F
Qué noches tan negras... *etcétera.*

C
Escaleras de la cárcel,
G7
escalón por escalón,
unos suben y otros bajan
C
a dar su declaración.

F
Qué noches tan negras... *etcétera.*

Centinelas de la cárcel
G7
cuánta lata dan ahí
con esos gritos de alerta
C
que no dejan ni dormir... 𝄋

Corrido

La escondida

Ab Eb7 Ab
Por ahí dicen que un coyote
Eb7
anda venteando el ganado
y que va a brincar las trancas
Ab
donde lo tienen guardado,
Eb7 Ab
donde lo tienen guardado.

Eb7 Ab
¡Ay!, qué airecito tan duro
Eb7
que me tumbó hasta el sombrero,
dime tú dónde me escondes
a la mujer que yo quiero,
Eb7 Ab
a la mujer que yo quiero.

Ab Eb7 Ab
El cobre se hizo pa' l pobre,
Eb7
pa' l rico el oro no es gracia
y el amor de la escondida
Ab
es pa' los hombres desgracia,
Eb7 Ab
es pa' los hombres desgracia.

Eb7 Ab
Vuela, vuela palomita,
Eb7
vuela aunque vayas herida
y aquí se acaban cantando
Ab
los versos de la escondida,
Eb7 Ab
los versos de la escondida.

Ranchera

Fallaste, corazón

A
Y tú que te creías
D A
el rey de todo el mundo,
y tú que nunca fuiste
E7
capaz de perdonar,
E
y cruel y despiadado
de todo te reías
E7
hoy imploras cariño
A
aunque sea por piedad.

A
Adónde está tu orgullo,
D
adónde está el coraje,
porque hoy estás vencido,
A7 D
mendigas caridad,
Bmi
ya ves que no es lo mismo
E7 A
amar que ser amado
E7
hoy que estás acabando
A
qué lástima me das.

A/C# E7
Maldito corazón
A
me alegro que ahora sufras
E7
y llores y te humilles
A
ante ese gran amor.

A
La vida es la ruleta
D A
en que apostamos todos
y a ti te había tocado
A7 D
nomás la de ganar,
pero hoy tu buena suerte
la espalda te ha volteado,
fallaste, corazón,
no vuelvas a apostar.

Corrido

El gallo colorado

C F G7 C
Yo les canto a los galleros
G7
hoy que están aquí reunidos,
G7
sean amigos o enemigos
C
quiero que entren en calor.

C F G7 C
Que este gallo colorado
G7
no hay palenque onde haya estado
G7
en que no ha demostrado
C
su bravura y su valor.

C F C
Aquí está mi colorado
G7 C
para echarle un buen tapado
G7
al mejor apostador,

Cmaj C7 F G7 Dm7 G7
soy gallero y a mi gallo
F G7
yo le voy hasta que pierda,
y en la raya donde él muera
C
ahí mismo muero yo.

Qué bonito es el palenque
con los gallos frente a frente
disputándose en caliente
todo triunfo y el honor.

C F C
Aquí está mi colorado
G7 C
para echarle un buen tapado
G7
al mejor apostador.

R. Fuentes y Cuco Sánchez, *letra y música.*

Ranchera

El general

G
Ora sí llegó
D7
su mero mero general de división;
¡qué hay!, “pos” qué hubo mi alma
G
arrejúntense con yo.

G
Yo no soy rival
por Dios santito,
C
lo que “quero” es vacilar;
D7 G
ora que vino a “vesitarlos”
D7 G
su aguerrido general,
C G
y aquel que no le guste el fuste
D7 G
que lo tire y monte a “raiz”.

G
Ese coronel, mi capitán,
D7
mi “sosteniente” y mi mayor;
¡firmes! que “ai” voy yo
G
pa’ hacer revista.

G
Luego luego al escuadrón
músicos de a real “La Valentina”
C
quiero oírla, ¡pero ya!;
D7 G
ora que vino a “vesitarlos”
D7 G
su aguerrido general:
C G
y aquel que no le guste el fuste
D7 G
que lo tire y monte a “raiz”.

Ranchera

Grítenme piedras del campo

```
C
Soy como el viento que corre
                     G7
alrededor de este mundo
anda entre muchos placeres,
anda entre muchos placeres
                   C
pero no es suyo ninguno.

C           C7         F
Háblenme montes y valles,
G7                   C
grítenme piedras del campo,
G7
cuándo habían visto en la vida
querer como estoy queriendo,
llorar como estoy llorando,
                     C
morir como estoy muriendo.

C
Soy como el pájaro en jaula
                        G7
preso y hundido en tu amor,
aunque la jaula sea de oro,
aunque la jaula sea de oro
                  C
no deja de ser prisión.

C           C7          F
Háblenme montes y valles...
etcétera.

C
A veces me siento un sol
                            G7
y el mundo me importa nada,
luego despierto y me río,
luego despierto y me río,
                          C
soy muchos menos que nada.

C
En fin, soy en este mundo
                      G7
como la pluma en el aire,
sin rumbo voy por la vida,
sin rumbo voy por la vida,
                     C
y de eso tú eres culpable.

C           C7          F
Háblenme montes y valles...
etcétera.
```

Ranchera

Guitarras, lloren guitarras

```
E
Guitarras, lloren guitarras,
                    B7
violines lloren también,
                    E
no dejen que yo me vaya
        B7              E
con el silencio de su cantar.

E
Gritemos a pecho abierto
                       A
un canto que haga temblar
                        E
al mundo que es el gran puerto
             B7              E
donde unos llegan y otros se van.

B7                       E
Ahora me toca a mí dejarla,
 B7                      E
ahora me toca a mí marchar.

E
Guitarras, lloren guitarras
                            A
que ai queda lleno de amor,
prendido en cada cuerda
B7                          E
llorando a mares mi corazón.

E                 B7       E
Guitarras, lloren guitarras.
```

Bolero

Hasta que salga el sol

A
Todavía me sobra mucha noche
E7
para seguir pensando en su amor;
todavía me sobran muchas horas
para reír, para llorar,
A
para embriagarme hasta que salga el sol.

A
Es muy joven la noche todavía,
A7 D
aprovechemos ya su oscuridad
A
para que nadie nos juzgue si borrachos,
E7
nos ve reír, nos ve llorar,
A
nos ve embriagar hasta que salga el sol.

A E7
Alcen sus copas ya, que vamos a brindar
A
por el dolor de todos,
E7
que aquel que tiene amor
A
y ama como yo, sufre de todos modos.

A
Es muy joven... *etcétera*.

Ranchera

Hay unos ojos

D
Hay unos ojos que si me miran
A7
hacen que mi alma tiemble de amor,
son unos ojos tan primorosos,
D
que ojos más lindos no he visto yo.

D
¡Ay!, quién pudiera mirarse en ellos.
A7
¡Ay!, quién pudiera mirarlos más
gozando siempre de sus destellos,
D
que ojos más bellos no he visto yo.

Y todos dicen que no te quiero,
A7
que no te adoro con frenesí,
y yo les digo que mienten, mienten,
D
que hasta la vida daría por ti.

Cuco Sánchez, *arreglos.*

Ranchera

Hermosísimo lucero

D
Adónde te hallas, hermosísimo
A7
lucero,
D
a quién estás iluminándole la vida,
mientras que aquí sin ti soy mula
A7
sin arriero
muerto de sed en los caminos de la
D
vida.

D A7
Quisiera ser aquella nube pasajera
para buscarte en los lugares que me
D
ofendes,
quisiera estar en donde estás
A7
ahorita mismo
para arrancarte de los brazos donde
D
duermes.

Estribillo

D
Tú eres el sol con que se alumbra
A7
mi existir,
tú eres el agua con que se apaga mi
D
sed,
A7
tú eres el aire que respiro pa' vivir,
tú eres la tierra donde al fin
D
descansaré.

```
D
Si me emborracho pa' olvidarte no
         A7
    te olvido

porque en el fondo de mi copa te
          D
    estoy viendo

y desde el fondo de mi copa tú te
    A7
    burlas

con una risa que me mata el
              D
    pensamiento.
```

Estribillo

```
D
Tú eres el sol con que... etcétera.
```

Huapango

El hombre alegre
(El cariñoso)

C F
Chamacas de mis amores
C
aquí está su cariñoso,
F
chamacas de mis amores
C
aquí está su cariñoso,
F
de todas me gustan todas
G7 C
por eso vivo dichoso,
G7
yo soy como el sol de mayo
C
caliente pero sabroso
F
chamacas de mis amores.

C
Entrénle pa' dentro
F
salgánle pa' fuera
G7
vénganse mis viejas
C
que hoy es noche buena,
súbanle pa' arriba
F
bajénle pa' abajo
G7
vénganse mis viejas
C
para echar relajo.

C F
Yo y todos los zopilotes
C
andamos a la deriva,
F
yo y todos los zopilotes
C
andamos a la deriva.
F
Ellos buscan carne muerta
G7 C
y yo busco carne viva.
G7
Ay, Dios, qué tendrán las viejas
C
que sin ellas me moría.

C
Entrénle pa' dentro... *etcétera.*

C F
El día en que yo me muera
C
que hagan mi caja grandota,
F
el día en que yo me muera
C
que hagan mi caja grandota,
F
de un lado me echan dos viejas
G7 C
la rubia y la morenota,
G7
y del otro lado me echan
C
la blanca y la pelirroja
F
pa' cantar en el otro mundo.

C
Entrénle pa' dentro... *etcétera.*

Bolero mambo

Hotel Santa Bárbara

D
En el Santa Bárbara
F
la conocí,
D
sobre la laguna azul
F
mi amor te di.

D6
En el Santa Bárbara
F6
me enamoré,
D6
luz de luna blanca
F6
suave vaivén.

D7
Quiero volver a verte,
F7
sentir de cerca tu respirar,
D7
quedo, pero muy quedo
F7
decir te quiero a ti nomás.

D6
En el Santa Bárbara
F6
te quiero ver
D6
y que nuestra luna ahí
F6
nos vea volver.

Volver... 𝄋

La huerfanita

G
Ya tengo otra en tu lugar
pa' que sufras, pa' que rabies
D7
te la voy a presentar,
no, no se parece a ti,
pero te puedo jurar
G
que es mejor que tú, ni hablar.

G
Tú no me puedes negar
G7
que a lo bestia te adoré,
C
y que me perdone Dios,
G
que a sus estrellas bajé
D7
y a tus pies las arrojé,
y ante ti que eras mi Gloria
G
adorándote recé.

D7 G
Y tú me mandaste al demonio
D7 G
y yo por poquito y me mato,
pero un día fui con Dios,
G7
y nomás de que le hablé
C
y al final te perdoné,
G7
porque nadie te enseñó
D7
a tener buen corazón,
porque tú no tienes padre,
G
porque tú no tienes madre,
pobrecita huerfanita.

Ranchera

El indio

C G7 C
Nací mexicano y a orgullo lo tengo,
G
mi sangre es azteca, mi raza inmortal,
G7
el temple de hierro que llevo en el
C
alma
lo puso altanera nuestra águila real.

C G7
Mi cuerpo bronceado por un sol
C
ardiente,
G
un sol que a mi raza le dio ese calor,
G7
calor que es orgullo de mi tierra
C
linda
libre y soberana, lo mismo que yo.

C F
Soy el indio mexicano
G7 C
valiente por tradición,
G7
bravo como fiera herida
C
y noble de corazón.

C F
Soy de la tierra más linda
G7
que Dios en el mundo creó,
por eso grito con alma
(Hablado) soy el indio mexicano
F G7
(Cantado) orgullo de mi nación.

Ranchera

La que sea

A E7 A C
Voy por el mundo sin rumbo fijo
A E7
no siento pena ni siento amor,
A
soy el fantasma de mi pasado,
E7 A
soy de las almas que olvida Dios.

A
Tuve un cariño que fue mi vida,
E7
fue mi locura, mi adoración,
pero más grande fue mi
A
tormento
E7 A
cuando cruelmente me abandonó.

A7 D
Hoy la pena que venga
A
muy bienvenida,
E7
y si quiere irse
A
nada más que se vaya
D A
que ai vendrán otras y otras
E7 A
y hoy la que sea para mí es igual.

A
Yo no soy de esos
E7 A D
que al verse solos quieren matarse
E7
o vengar su amor;
por lo contrario,
A E7
yo la bendigo por ese amor
A
que una vez me dio.

A
Si un día con otro yo la encontrara
E7
y me llorara pidiendo amor
la perdonaba,
A E7
al fin sería lo que en mi vida
A A7
las otras no son hoy.

Ranchera

Lo de más es lo de menos

```
A
Voy a escribir en el cielo
                         E7
con estrellas y luceros
lo mucho que tú me quieres
                              A
lo mucho que yo te quiero.

A
Cuatro esquinas tiene el catre
                            E7
donde naciste amorcito,
y desde entonces te crearon
                          A
nomás para mí solito.

A       E7             A7
Qué bonito, qué bonito
   E7                      A7
es tener tu alma y tu cuerpo,
           B7     E7  A
con tus besos y caricias
   E              A
lo demás es lo de menos.

A
Qué es lo que hice en la vida
                             E7
que contigo me ha pagado
siendo que tú eres el ángel
                                   A
más lindo que Dios ha creado.

A
Tú eres la flor más hermosa
                           E7
del jardín de la alegría,
qué hago con tanto cariño
                                 A
que tú le has dado a mi vida.

A       E7             A7
Qué bonito, qué bonito
   E7                      A7
es tener tu alma y tu cuerpo,
           B7     E7  A
con tus besos y caricias
   E              A
lo demás es lo de menos.
```

Ranchera

Lucero negro

G
Como las hojas que el viento se
lleva
D7
nuestro cariño por fin se perdió,
después de tanto quererte en la
vida
G
hoy sigo viviendo sin fe y sin amor.

G
Como las aves que forman su nido
G7 C
poco a poquito lo logran hacer
G
después el tiempo se encarga de todo
D7 G
ese pobre nido se llega a caer.

G
¡Ah!, qué mi suerte, cómo me
agobia,
D7
a ti te gusta verme padecer,
pero en la vida que da muchas
vueltas
G
aquel que sube, vuelve a caer.

G
Suerte tirana, porque no me matas,
G7
adónde te hallas muerte, ónde estás,
G
lucero negro, dame tu sombra
D7 G
para ocultarme y poder llorar.

Ranchera

Mala suerte

G
Voy a jugarle un albur
a mi mala suerte
para ver si le gano,
porque la verdad
D7
ya me trae de encargo.

Tal parece que yo
no tuviera derecho a la vida,
cómo hace vivir
G
entre penas y tragos amargos.

G
Se ha desatado
de pronto sobre mi vida
una lluvia de penas
de penas tan grandes que ya no
D7
aguanto.

Hay momentos que casi llorando
al cielo pregunto
qué mal hice que con tanta
G
fuerza me está castigando.

Estribillo

G D7
Mala suerte, mala suerte,
hoy te juego hasta el alma en mi
albur
G
mala suerte, mala suerte,
D7 G
va mi resto porque hoy pierdes tú.

G
Voy por el mundo
luchando contra el destino,
poco a poco mi vida
se va consumiendo
D7
sin esperanza de poder alcanzar
tan siquiera por unos momentos
el calor de un cariño sincero
G
que abrigue a mi alma. 𝄋

Huapango

Mamá Lupita

Dmi
Virgen de Guadalupe
F
a ti te traigo mis penas,
Gmi A7
vengo hasta ti pa' que me oigas
Gmi A7
porque está lejos mi tierra
Dmi
y el viento podría llevarse
A7 Dmi C7
mis ruegos para la sierra.

F
¡Ay!, madrecita linda
C7
en esta vida nada me queda,

soy tan pobre, señora,

que ya doy lástima,
F
que causo pena.

F
Te llevaste a tu reino
Bb
la que adoraba, mi compañera,
Gmi C7 F
por piedad, por piedad
C7
llévame a mí también,

ya que ni sombra soy,
F
dime qué hago en la tierra.

Fmi7(b5) A7 D
Perdón mi Guadalupana.

Ranchera

Me desgracié
(Lo del agua al agua)

```
D                                                      A7
Yo me he paseado por lo bueno y por lo malo,
                                                  D
y de este mundo he gozado sus placeres
                                   D7              G
y en los amores me he burlado muchas veces,
                    D                A7                D
hasta que un día te encontré y me desgracié.

D        A7                                        D
No lo niegues, alma mía, tú a mí me quieres,
        A7                                   D
no lo niego, alma mía, yo a ti te adoro,
                                   D7           G
pa' qué le buscas si conmigo tienes todo
                    D             A7             D
porque me diste en la torre con tu amor.

D                                                  A7
Yo me creía que era grande entre lo grande
                                           D
y me sentía que era la divina garza
                               D7           G
y presumía que nadie me merecía
                    D                A7                D
hasta que un día te encontré y me desgracié.

D        A7
No lo niegues... etcétera.
```

Ranchera

Me voy a largar de aquí

```
C              G7      C
Me voy a largar de aquí
                        G7
porque tú ya no me quieres,
me voy a largar de aquí
                   C
a buscar otros placeres.

C
Mañana dónde andaré,
                        F
por qué rumbo iré perdido,
                  C
otros aires me darán,
                       G7
otro sol me alumbrará
                          C
y otro amor vendrá conmigo.

C/G         G7
Yo ya me voy,
                         C              G7
quédate con tu cariño, guárdatelo,
                              C
y que te haga buen provecho.

C
Me voy a largar de aquí,
                              F
por qué rumbo iré perdido.
                          C
Si te preguntan de mí
                             G7
diles que nomás me fui
                            C
por caminos del olvido.

C                          G7  C
Me voy a largar de aquí.
```

Ranchera

Me voy para no volver

Bb
Para qué tanto desprecio,
no hace falta que te enojes
nomás con que tú digas:
F7
anda vete, yo me voy,
y te juro por mi madre
que no vuelvo a molestarte,
aunque a mí me esté llevando
Bb
la tristeza por tu amor.

Bb
Despacito te metiste
hasta el fondo de mi alma
y cuando voltié la cara
Bb7 Eb
sin ti no podía vivir,
Bb
para qué pa' que te valgas
F7
del cariño que te tengo
Bb
para burlarte de mí.

Bb F7
Pero jamás
Bb
pienses que yo soy cobarde
F7
si alguna vez
Bb
sabes que lloré por ti.

Bb
Tú dijiste que si me iba
algún día regresaría
Bb7 Bb
de rodillas a tus pies,
Bb
hoy me voy aunque te adoro
F7
no me voy para olvidarte,
Bb
me voy para no volver.

Bolero

Media luna

D   A7
¿Ya viste la luna? Hoy está de fiesta
              Em A7   D
y brillan con ella luceros y estrellas;
                  D7   G
una nube blanca nube pasajera
          D   Em
cubre media luna como si quisiera
               A7   D
que fuera más íntima esta noche nuestra.

D   A7
¿Hoy viste la luna? Ya no está de fiesta
              Em   A7   D
y se han ocultado luceros y estrellas
                    D7   G
y esa nube blanca hoy es triste y negra,
               D   Em
cubre nuestra luna por sentirte ajena
               A7   D
y hoy ya ni mi sombra es mi compañera.

Ranchera

Mi chata

F
Alegres se ven los campos
Do7 C7
por las mañanas del mes de abril
y aún se ven más alegres
F
si mi ranchera anda por ahí.

F
Si yo paso por el puente
Do7 C7
siempre lavando la he de encontrar
y a la orillita del río
F
me siento con ella a platicar

Estribillo
F
¡Ay!, chatita de mi vida
F7 Bb
no me vayas a olvidar,
C7
que si Dios me da licencia
F
conmigo te has de casar.

F
Yo te llevo pa' mi rancho
F7 Bb
y te pongo tu jacal
C7
y una vez los dos solitos
F
ya verás lo que es gozar.

F
Me voy chata de mi vida
Do7 C7
me voy pero luego volveré,
ya sabes dónde te espero
F
no se te olvide salirme a ver.

Estribillo
F
¡Ay!, chatita de mi vida
F7 Bb
no me vayas a olvidar,
C7
que si Dios me da licencia
F
conmigo te has de casar.

F
Yo te llevo pa' mi rancho...
etcétera.

Huapango

El mil amores

G D7
De Altamira, Tamaulipas,
G
traigo esta alegre canción
A7
y al son del viejo violín
G
y jaranas canto yo.

C
A las mujeres bonitas
G
que son de mi adoración
D7
de Altamira, Tamaulipas,
G
traigo esta alegre canción.

G D7
Si la vida es un jardín
G
las mujeres son las flores
A7
el hombre es el jardinero
G
que corta de las mejores.

C
Yo no tengo preferencia
G
por ninguna de las flores
D7
me gusta cortar de todas
G
me gusta ser mil amores.

G D7
Dichoso aquel que se casa
G
y sigue en la vacilada
A7
siempre anda jugando contras
G
a escondidas de su amada.

C
Pero más dichoso yo
G
que no me hace falta nada
D7
tengo viudas y solteras
G
y una que otra casada.

Bolero ranchero

Miel amarga

A
Maldito destino,
qué suerte tan negra
E7
me vino a tocar,
está destrozada
ya mi alma completa,
yo creo que en el cielo
A
pa' mí no hay piedad.

A
A veces quisiera arrancarme la vida
A7 D
pero eso es faltar a la ley del creador,
D
suerte maldecida, a ver hasta cuándo
te acuerdas que existo,
E7
y de un solo tajo
me arrancas el alma
A
y la entregas a Dios.

A
Maldito destino
si no has de matarme
E7
ya déjame en paz,
que si hice un delito
por haber nacido
yo creo que con creces
A
pagado ya está.

A
No sé si reírme
o llorar cuando siento
A7
que una nueva pena
D
me viene a agobiar.

D
Dios mío ya no quiero
A
esta miel amarga,
pero si es castigo
E7
que tú me estás dando
pos que siga haciéndose
A
tu voluntad.

Ranchera

La muerte por amor

G D7
¿Por qué te atravesaste por mi
G
camino?,
¿por qué te quiero tanto, por qué,
D7
por qué?,
¿si no vas a quererme por qué
Diosito permite
G
que te adore con tanta fe?

G G7 C
Campanas de este mundo, doblen
G
y doblen
G7 C
por tanto muerto en vida que hay
G
como yo,
porque todo el que quiere como yo
D7
quiero
se ha sentenciado a muerte,
a la muerte más lenta, la muerte por
G
amor.

G D7 G D7
Si el mundo está tan ancho y hay
G
tanta gente
a quien tú puedes darle el mal o el
D7
bien,
por qué me aprisionaste en esta
cárcel,
la cárcel del amor que es la más
G
cruel.

G G7 C
Campanas de este mundo, doblen
G
y doblen
G7 C
por tanto muerto en vida que hay
G
como yo,
porque todo el que quiere como yo
D7
quiero
se ha sentenciado a muerte,
a la muerte más lenta, la muerte por
G
amor.

D7 G D7
¿Por qué te atravesaste por mi
G
camino... *etcétera.*

Ranchera

Mujer tenías que ser

Eb
Está bueno, ya te vas,
Bb7
maldita sea mi suerte,

tengo celos, tengo rabia,
Eb
qué poca... conciencia tienes.

Ya está bueno que desciendas
Eb Ab
del reino que te han hecho
Bb7
esas gentes que dicen que son
Eb
hombres
Bb
y envenenarte el alma
Eb
es lo único que han hecho.

Bb7
Mujer tenías que ser

y yo hombre pa' perder,

pero eso que me importa

si hoy por mi puro gusto
Eb
te estoy rogado... ¡y qué!

No te rías de mi llanto
Eb7 Bb
que tu desdén me mata
Bb7
y recuerda que no hay en este
Eb
mundo
Bb7
un ser más despreciable
Eb
que una infeliz ingrata.

Ranchera

No me dejes nunca, nunca, nunca

Bb
No me dejes nunca, nunca, nunca,
F7
amor de mis amores
Cm F7
que yo soy nada, nada, nada,
Bb
amor si tú te vas.

Bb
Yo quiero estar siempre, siempre,
siempre,
F7
juntito a tu cariño
Cm F7
no me importa nadie, nadie, nadie,
Bb
amor si tú no estás.

Bb F7
Amor, amor, amor, cuánto te quiero
amor, amor, amor, no me vayas a
Bb
dejar
amor, amor, amor, qué bonito
Cm F7
cariño
Cm F7
amor, amor, amor, es el que tú me
Bb
das.

Bb
No me dejes nunca, nunca, nunca,
F7
pedacito de mi alma,
Cm F7
si es pecado amarte, tanto, tanto,
Bb
que me castigue Dios.

Bb
Amor, amor, amor, cuánto
F7
te quiero... *etcétera*.

Vals criollo

No me toquen ese vals

Bm F#7
Me estoy acostumbrando a no
Bm
mirarte
B7
me estoy acostumbrando a estar
Em
sin ti
C#mi F#7
ya no te necesito, tú ya no me
Bm
haces falta,
F#7
qué bien se está solito, qué bien se
Bm
vive así,
F#7
me estoy acostumbrando a no
Bm
mirarte,
F#7
me estoy acostumbrando a estar
B
sin ti.

F#7 B
Qué labios maldecidos
F#7
por qué quiero engañarme
si yo sin ti me muero,
B
mi vida, dónde estás.

B B7
No, no me toquen ese vals
E
porque me matan,
A/G B7
sólo ella lo cantaba,
F#7 B
como ella nadie más.

Bmi F#7 Bm
Si paso por Florida te recuerdo,
B7 Em
si paro por Lavalle me es igual,
C#mi
que si estoy en Corrientes,
F#7 Bmi
que si estoy en Palermo,
F#7
por todos Buenos Aires
Bmi
conmigo, siempre estás.

F#7
Que voy a acostumbrarme a no
Bmi
mirarte,
F#7
que voy a acostumbrarme, Dios,
B
¡qué va!

F#7
Qué labios maldecidos... *etcétera*.

Bmi F#7
Que voy a acostumbrarme a no
Bmi
mirarte,
F#7
que voy a acostumbrarme, Dios,
Bmi
¡qué va!

Ranchera

No soy monedita de oro

Ab
Nací norteño hasta el tope,
Eb7
me gusta decir verdades,
soy piedra que no se alisa
por más que talles y talles,
Ab Eb7
soy terco como una mula
Ab
adónde vas que no te hallé.

Ab
En tu casa no me quieren
Eb7
porque me vivo cantando,
me dicen que soy mariachi
y que no tengo pa' cuándo
Ab Eb7
mercarte el traje de novia,
Ab
que el tiempo te estoy quitando.

Ab Db
No soy monedita de oro
Ab
pa' caerles bien a todos,
Eb7
así nací y así soy,
Ab
si no me quieren ni modo.

Ab
El cielo tengo por techo
Eb7
nomás el sol por cobija,
dos brazos pa' mantenerte
y un corazón pa' tu vida,
Ab Eb7
ve, corre y dile a tus padres
Ab
a ver quién da más por su hija.

Ab
¡Ay!, corazón bandolero,
Eb7
relincha ya cuando quieras,
por esa potranca fina
que amansarás cuando quieras,
Ab Eb7
tú y yo no tenemos prisa
Ab
ahí nos querrán cuando puedan.

Ab Db
No soy monedita de oro...
etcétera.

Ranchera

La noche en que te fuiste

G
La noche en que te fuiste
me diste en toda el alma,
sentí que me arrancaban
D7
todito el corazón.

D7
Qué poca alma tienes
G
al haberme dejado
cuando te estaba dando
todito lo que soy.

G
Un perro callejero
es más agradecido
G7
porque tú siendo gente
C
no te quieres ni a ti.

C
Porque ya no te acuerdas
D7 G
que en todas nuestras noches
D7
conmigo te morías
G
gozando muy feliz.

G D7
Pero ahora que me acuerdo
G
pa' qué seguir llorando
D7
si a mí ya no me importa
G
que te hayas ido o no.

G D7
Voy a gozar la vida
G
para mandarte al diablo,
D7
que otra gente recoja
G
lo que tiró mi amor.

Nube pasajera

C7 F
Hoy viste la luna,
C7
hoy está de fiesta,
y brillan con ella
F
luceros y estrellas.

F D7
Una nube blanca,
Gmi C7
nube pasajera,
F
cubre media luna,
D7 Gmi
como si quisiera
C7 F C7
que fuera más íntima
F
esta noche nuestra.

C7 F
Hoy viste la luna
C7
ya no está de fiesta
y se han ocultado
F
luceros y estrellas.

F D7
Y esa nube blanca
Gmi C7
hoy es triste y negra
F
cubre nuestra luna
D7 Gmi
por sentirse ajena,
C7 F C7
y hoy ya ni su sombra
F
es mi compañera.

Nuestro gran amor

C F C
Como el sol le hace falta a la luna
F G7
pues sin él no podría darnos luz,
como el aire hace falta en el mundo
C
así me haces falta tú.

C F C
Si algún día quisieras dejarme
C7 F
por mi madre que no ibas a saber,
ni pensar, mi morir, ni vivir,
G7 C
mucho menos llorar o reír.

C F C
Cuándo has visto llorar a las piedras,
G7
cuándo has visto resecarse el mar,
dime tú, qué hay eterno en el mundo
C
nomás nuestro amor, y ya.

C F C
Golondrinas, zenzontles y jilgueros
C7
vengan todos que hoy van a
F
escuchar,
la canción más hermosa del mundo
G7
que es la risa de quien quiero
C
más.

Ranchera

Óigame compadre

C7 F
Óigame compadre
C7
yo ya no soporto
esta triste vida
F
sin esa mujer.

C7 F
Ya se me hace tarde
F7 Bb
por volver a verla
F
pa' ver si con suerte,
C7
pa' ver si con suerte
F
me vuelve a querer.

F C7
Me duele el alma
F
pensar en ella,
C7
saber que nunca
F
nunca ha de volver.

C7 F
Óigame compadre
F7 Bb
ahora aunque me muera
F
tengo que olvidarla
C7
porque al fin soy hombre
F
y tiene que ser.

Ranchera

Ora o nunca corazón

E7 A
Ora o nunca corazón
B7 E6
no te me rajes,

antes que te vean llorar
B7
muere en la raya;

ya que tienes el valor

de amarle tanto

hoy lo debes de tener

pa' decirle si se va
E6
que ya se vaya.

E6 A6
No suspires corazón
B7 E6
que me da risa,

ahí te va una copa más
A6
pa' que resistas;
A6
como dice la canción:
B7 E6
"canta y no llores"
B7
que de plano, corazón,

yo morir por un amor
E6
no tengo prisa.

E6 A6
Y la quiero igual que tú
A6
no me engaño corazón,
B7 E6
es nuestra vida
B7
pero si se quiere ir

no nos quiere corazón
E6
y muy bien ida.

A6
Ora o nunca corazón
B7 E6
no te me rajes

que mis venas piden hoy
A6
mucho más sangre
A6
para ahogar mi gran dolor
B7 E6
y mi coraje
B7
y después hablarle a Dios

y decirle con honor:
E6
"no soy cobarde".

A6
Ora o nunca corazón
B7 E6
no te me rajes.

Ranchera

Pa' qué he de querer

B
Pa' mi rancho no vuelvo otra vez,
F#7
pa' que así no recuerde jamás
el amor de una ingrata mujer
C#mi7 F#7 B
que burló mi cariño nomás.

B
Yo la quise con todo el amor
F#7
con que se ama por primera vez
pero ella nomás se burló
C#mi7 F#7 B
y no supo mi amor comprender.

B E
Pa' qué he de querer,
B
pa' qué yo he de amar,
F#7
si al fin los amores
B
vienen y van.

B E
Pos ya no he de ser
B
el mismo de ayer,
C#mi7
si quieren querer
F#7 B
se olvidan igual.

B
Ya no quiero volver a sentir
F#7
desengaños del mundo fatal,
en la vida no vuelvo a querer
C#mi7 F#7 B
pa' que así no me vuelva a engañar.

B
Algún día tendrá que pagar
F#7
lo que me hizo sufrir por su amor,
en la vida no vuelve a encontrar
C#mi7 F#7 B
quien la quiera lo mismo que yo.

B E
Pa' qué he de querer... *etcétera.*

Ranchera

Pago con la misma moneda

F
No quiero nada de ti
C7
tonta, mal agradecida,
ya que te fuiste de mí
F
ándale, sigue tu vida.

Hoy que me vuelves a ver
C7
cara a cara, frente a frente
mira me pides amor
F
qué poca vergüenza tienes.

Estribillo
Bb
Hoy con la misma moneda
F
te pago y cóbrate bien,
Bb
y si te sobra algún cambio
F
puedes quedarte con él.

Eras estrella pa' mí,
C7
eras fe robada a Dios,
sol fuiste en mi oscuridad,
F
sangre aquí en mi corazón.

Pero en el mundo falaz
C7
siempre paga aquel que debe,
ora te toca pagar,
F
¿qué pasó?, ¿qué tal se siente?

Ranchera

Pajarillo de la sierra

Quién fuera esa blanca nube,
quién fuera esa blanca nube,
A7
y cruzar el ancho mar
pa' buscar lo que es mi vida,
pa' buscar lo que es mi cielo,
D
pa' buscar mi amor nomás.

Estribillo
D7 G
Pajarillo de la sierra,
tú que cruzas el espacio,
A7
ve hasta donde ahorita estoy,
dile ya por Dios que vuelva,
dile que me estoy muriendo,
D
dile que no puedo más.

D
En mis noches de tristeza,
en mis noches de tristeza,
A7
yo me pongo a platicar
unas veces con la luna,
otras veces con la estrella
D
y otras con mi soledad.

Estribillo
D7 G
Pajarillo de la sierra... *etcétera.*

Ranchera

Paloma piquito de oro

A E7
Paloma qué andas haciendo tan
A
solitita
si es que andas buscando amores
E7
aquí estoy yo,
paloma piquito de oro, chiquititita
qué ganas de darte un beso de
A
mucho amor.

A E7 A
Decirte cosas bonitas junto al oído
A7
y hacer que te dé brinquitos el
D
corazón,
E7
después amarrar tu cuerpo con
A
estos brazos
Bm E7
y luego entregarnos juntos a
A
nuestro amor.

E7 A
Déjame que yo te quiera
E7
y hacerte sentir muchos besos de
A
amor,
E7 A
que en este mundo no es bueno
Bm E7 A
vivir sin cariño, vivir sin amor.

A E7
Paloma qué andas haciendo tan
A
solitita,
A7
si quieres ven y haz tu nido en mi
D
corazón
E7
y deja que el mundo ruede y siga su
A
marcha
Bmi E7
y al viento gritemos juntos: viva el
A
amor...

E7 A
Déjame que yo te quiera...
etcétera.

Ranchera

Perra vida

A
Qué culpa tengo yo
E7
de que me quieras tanto,
qué culpa tengo yo
A
que te haya hecho pedazos.

Qué culpa tengo yo
D
que por mí sufras tanto,
A
que extrañes mis caricias,
E7
que extrañes mis caricias,
A
mis besos y abrazos.

E7
Perdóname
A
que hoy te deje y me vaya
E7
pero me voy buscando
A
los besos de otra boca.

E7
Perdóname
A
si así es la perra vida,
E7
tú me quieres a mí
A
y yo, yo quiero a otra.

Jamás dije jamás
E7
que yo a ti te quería,
viniste a mí nomás
A
sin que yo te llamara.

Quién te obligó, por Dios,
D
a convivir conmigo,
A
te regalaste a mí,
E7
te regalaste a mí,
A
porque te dio la gana.

E7
Perdóname... *etcétera*.

Bolero

Qué manera de perder

F
Ahora sí ya es imposible
C7
el seguir juntos tú y yo,
vete ya por el camino
F
que la suerte te marcó.

F
A mi lado no lo niegues
F7 Bb
fuiste mucho, muy feliz,
C7 F
pero eso no lo entiendes
C7
porque ya naciste mala
F
y no hay nada bueno en ti.

F7 Bb
Pero si yo ya sabía
C7
que todo esto pasaría
C7 F
cómo diablos fui a caer,
F7 Bb
me relleva la tristeza
qué desgracia, qué torpeza,
C7 F
qué manera de perder.

F
Pero en fin ya nos quisimos,
F7 Bb
tú te vas y yo me voy
C7/G F
al perderte voy ganando,
C7
anda, vete a ver qué encuentras
F
y que te bendiga Dios.

Ranchera

¡Que me lleve el diablo!

F C7 F
Qué rayos me pasó a mí
C7
que quiero llorar gritando,
maldito sea tu amor,
F
cómo te estoy adorando.

F C7 F
Qué suerte me cargo yo,
C7
quisiera no haber nacido,
por qué te fui a conocer
F F7
si eres un caso perdido.

Bb
Si un día te fuiste de mí,
C7
si hoy vuelves, demonios, qué hago,
si te perdono pa' qué,
F
si te maldigo qué gano,
C7
mejor tú sigues feliz
F F7 Bb
y a mí que me lleve el diablo.

F C7 F
Cantinas, muchas cantinas
C7
recorro de arriba a abajo,
estoy hasta el mero fondo,
F
no puedo caer más bajo.

F C7 F
Ahorita no sé quién soy,
C7
mesero traiga otro trago,
mariachis tóquenme ya,
F F7
grítenme piedras del campo.

Bb
Si un día te fuiste de mí,
C7
si hoy vuelves, demonios, qué hago,
si te perdono pa' qué,
F
si te maldigo qué gano,
C7
mejor tú sigues feliz
F F7 Bb
y a mí que me lleve el diablo.

Ranchera

Qué rechulo es querer

F
Qué rechulo es querer,
qué relindo es amar
C7
con el alma y el corazón,
pero más chulo es
tener un buen amor
F
de esos que dan mucho calor.

F
Qué rechulo es querer,
qué relindo es gozar,
C7
que al fin mundo te quedas ahí,
¡y que viva el amor!,
¡y que viva el placer!,
F F7
mientras viva yo he de gozar.

Estribillo

Bb F
¡Ay!, qué lindo es el amor,
C7
¡caray!, para poder gozar
F F7
hay que saber amar
Bb F
y el que quiera vacilar
C7
¡caray!, se tiene que encontrar
F
una que sepa amar.

F
Si me dicen que sí
yo les digo pos sí
si me dicen que no
C7
pos no...
pa' mí lo mesmo da,

no me gusta forzar,
si me queren
F
pa' mí es igual.

F
Cuando salga un amor
no hay que desperdiciar,
que al fin mundo
C7
te quedas ahí…
¡y que viva el amor!
¡y que viva el placer!
mientras viva
F F7
yo he de gozar.

Ranchera

Que si te quiero, ¡júralo!

C
Ya te vi, yo ya me voy,
G7
ya no quiero estar contigo;
nos dimos tanto dolor
que sólo queda el rencor,
C
no debemos ser ni amigos.

C7 F
¿Que si te quiero?, ¡júralo!
G7
¿Que si me quieres?, el mundo es
C
testigo,
G7
pero ya no, ya no quiero sufrir
ni tú tendrás más molestias
C
conmigo.

C
Perdonar, ya para qué
G7
si volvemos a lo mismo;
es por demás nuestro amor,
de noche no sale el sol
C
y pa' mí tú ni has nacido.

C7 F
¿Qué si te quiero?, ¡júralo!
G7
pero has de cuenta que nunca nos
C
vimos;
G7
yo para ti soy lo peor de lo peor,
tú para mí... ¡ya pa' qué te lo
C
digo!

Ranchera

Rebelde al destino

C
Hoy vine a verme en tus ojos
G7
buscando en ellos amor,
quiero llenar de cariño
C
la copa vacía de mi corazón.

C
Sé que eres un imposible,
C7 F
que yo no puedo alcanzar,
C
yo soy el sol, tú la luna
G7
que nunca en la vida
C
se podrán juntar.

C G7 C
Pero yo soy rebelde al destino
G7
y aquí estoy contigo
C
una vez más
G7 CC
porque quiero mirarme en tus ojos,
G7
estrellas que alumbran
C
mi oscuridad.

C
Sé que eres... *etcétera*.

Corrido

El revolucionario

D Em
Soy soldado revolucionario,
A D
soy de aquellos de caballería,
Em
y si muere mi cuaco en combate
A7 D
pos me sigo entre la infantería.

Em
Con mis cuatro cananas terciadas
A7 D
bien repletas de balas sedientas
cuando estamos en plan de
A7
combate
le doy gusto a mi buen treinta
D
treinta.

D Em
Si me toca morir en las filas
A7
pos pa' qué he de fijarme en la
D
vida,
Em
mis haberes yo siempre los gasto
A7 D
con alguna de mis consentidas.

Em
¡Ay!, chaparrita, si ves que me
matan
A D
tú te sigues en los cocolazos,
nomás no hagas mi tumba muy
A7
honda
pa' que yo siga oyendo balazos.

D Em
Ya se empieza a escuchar la metralla,
A7 D
ya el clarín toca fuego graneado,
Em
ora o nunca, muchachos, adentro
A7 D
a acabar estos hijos del diablo.

Em
Ya con ésta me voy despidiendo,
A7 D
ya me voy de revolucionario,
si Dios quiere que vuelva pos
Em
vuelvo
A7 D
si no, rezan por mí un novenario.

Ranchera

La rosa de oro

Bb
Quise escribir en el aire,
quise escribir en el agua
F7
tu nombre, nomás tu nombre,
pero aire y agua gritaron
que ha de doler hasta el alma
Bb
que pase el tiempo y lo borre.

Bb
Con las estrellas del cielo
F7
formé una gran rosa de oro;
ya terminó con mi vida,
la ingrata no me ha dejado
para llorar mi tristeza
Bb
ni un poquito de llanto.

Bb
Qué poco valgo en el mundo
desde que no estás conmigo
F7
mi vida, vidita linda;
no hay sol ni luna que alumbre
la oscuridad de la noche
Bb
que tú dejaste en mi vida.

Bb
Con las estrellas del cielo
F7
formé una gran rosa de oro;
ya terminó con mi vida,
la ingrata no me ha dejado
para llorar mi tristeza
Bb
ni un poquito de llanto.

Ranchera lenta

Si no te vas

F
Si no te vas
C7
te voy a dar mi vida,
si no te vas
F
vas a saber quién soy.

Vas a tener
Bb
lo que muy pocas gentes,
F
algo muy tuyo
C7 F
y mucho, mucho amor.

F C7
¡Ay!, cuánto diera yo
por verte una vez más,
F
amor de mi cariño,
F C7
por Dios que si te vas
me vas a hacer llorar
F
como cuando era un niño.

F
Si tú te vas
C7
se va a acabar mi mundo,
F
el mundo a donde sólo vives tú;
F7
no quiero que te vayas,
Bb Gmi F
no te vayas, porque si tú te vas
C7
en ese mismo instante
F
muero yo.

Ranchera

Siempre hace frío

C
Este corazón que aún te adora
ya está muriendo tarde con tarde,
G7
como se muere la luz del día;
C
ya no puedo más, tú me haces falta,
G7
vuelve conmigo alma de mi alma,
C
vidita mía.

F G7 C
Adónde estás, adónde estás
G7
mátame cielo, trágame tierra,
C
llévame Cristo si no vuelve más.

C
Ya podrás tener el mundo entero,
y entre tus manos toda la dicha
G7
de otro cariño mejor que el mío,
C
pero ya verás que todo acaba
G7
y al verte sola como hoy me siento,
C
siempre hace frío.

F G7 C
Adónde estás, adónde estás,
G7
mátame cielo, trágame tierra,
C
llévame Cristo si no vuelve más.

Ranchera

Tardecita campera

Ami E7 Ami
Tardecita campera, perfumada,
A7 Dmi
tardecita dorada por el sol,
E7 Ami
tú que sabes las penas de mi alma
Ami
dile que sufro mucho por su amor.

Ami E7 Ami G7
Tardecita campera, perfumada,
C
dile que extraño mucho su
G7
querencia,
dile que sin su amor yo no he de
C
vivir,
haz porque mi dolor llegue a su
G7
conciencia
ya que comprendes todo mi cruel
C
sufrir.

C
Dile que haga un recuerdo del
G7
momento
cuando le diera un beso mi
C
corazón,
dile que en vez de amor tengo
G7
sentimiento
desde que se alejó sin decirme
C C7
adiós.

F C
Si ya nunca jamás volverá a mi lado,
G7
porque así lo dispone el supremo
C
Dios,
prefiero que la muerte se lleve mi
G7
alma
para no sufrir más por su infiel
C
amor.

Ranchera

Te amaré vida mía

D A7
Mientras haya vida en este mundo,
D
mientras Dios nos dé la luz del día,
A7
mientras haya amor en esta vida
D
te amaré... vida mía.

D A7
Mientras haya pájaros que canten,
D
al rayar la aurora en cada día,
A7
mientras den perfume las gardenias
D
te amaré vida mía.

Estribillo
A7 D
Y verás, que serás
A7
lo que nadie en mi vida
D
antes fue
A7 D
porque tú para mí,
A7
eres mi alma
D
mi amor y mi fe.

D A7
Mientras haya la última esperanza
D
y haya ser que goce alegría,
A7
mientras haya música en mi alma
D
te amaré vida mía.

A A7
Mientras pueda respirar el aire,
mientras corra sangre por mis
D
venas,
A7
mientras mi cerebro tenga vida
D
te amaré vida mía.

Ranchera

Te parto el alma

D
Te acuerdas
cuando éramos felices
que nada en este mundo
A7
nos podía separar,
te acuerdas
que nos quisimos tanto
que cada beso nuestro
D
al cielo iba a parar.

D
Más tarde
no sé por qué te fuiste
después por todo el mundo
D7 G
feliz ibas pasando.
D
No, ya no me quiero acordar
A7
hasta el rezo que es de Dios
A
me sabe amargo.

A7
Lograste hundirme hasta el final
y estoy hasta onde ya, ya no se
D
puede,
A7
te di mi vida y la perdí.
Maldito sea tu amor
D
que aún me hiere.

D
Ahora
te atreves a pedirme
que pase el trago amargo
D7 G
de mirarnos las caras....
D
No. No se te ocurra volver
A7
porque si te vuelvo a ver
D
¡te parto el alma!

Ranchera

Tercia de ases

```
     Bb
Cuando juego me gustan los ases
                        F7
porque son igualitos que yo,
donde llegan acaban con todo
                      Bb
y jamás usan la pretensión.

El as de oros me trae el dinero,
    Bb7                   Eb
el de copas me da qué tomar
                            Bb
y el de espadas lo juego con honra
        F7                     Bb
porque siempre es valiente y cabal.

        F7                 Bb
Les voy a jugar tercia de ases
            F7
y les voy a ganar,
                 Bb
ya pueden jugar que dispuesto
  F7
  vengo
                    Bb
si este albur lo pierdo, si este albur
                 F7
  lo pierdo
              Bb
apuesto al que va.

     Bb
En el juego me ayuda la suerte;
                                F7
en amores se me echa pa' tras
pero en cambio si me están
  queriendo
                            B7
en el juego no puedo ganar.

Por eso es que me importa muy
  poco
      Bb7                    Eb
lo que venga lo mismo me da,
                          Bb
unas veces me toca perderlo
      F7                  Bb
otras veces tendré que ganar.
```

Corrido

El tiburón rayado

G D7
Allá en el fondo del mar
G
vivía una sirenita,
C
su padre fue un tiburón,
G
su madre era una truchita,
D7
pescados grandes y chicos
G
le hacían el amor por bonita.

G D7
Pero un tiburón raya'o
G
tenía el alma hecha pedazos
C
y a la sirenita dijo:
G
que le tenía que hacer caso
D7
y al pez que tenía por novio
G
lo iba a poner en descanso.

G D7
Por cierto que era domingo
G
y todos salían de misa,
C
la sirenita y su novio,
G
hacían pareja bonita
D7
cuando el tiburón raya'o
G
besó ahí a la sirenita.

G D7
A la mitad del océano
G
se citaron a matarse,
C
los dos llegaron a tiempo
G
y al verse ya iban a darse
D7
cuando una red los pescó
G
y no pudieron salvarse.

G D7
La sirenita lo supo
G
y no hizo ni un comentario,
C
con un pez de mil colores
G
se casó allá en el sagrario
D7
y al tiburón y a su novio
G
los olvidó sin llorarlos.

G D7
Ya con ésta me despido
G
quedándome bien calla'o,
C
aquí se acaba el corrido
G
de ese tiburón raya'o
D7
que por una sirenita
G
fue a parar a un vil merca'o.

Ranchera

Una cerca en mi camino

G
Tal vez ya no recuerdes
cuando nos conocimos,
en ese instante puse
la primerita piedra
D7
de nuestro gran amor.

Tal vez tú no recuerdes
cuando ya nos quisimos,
seguí haciendo la cerca
G
y así creció y creció.

D7
Pero, ¡ay!, la hice tan alta
G
que casi llegó al cielo
D7
y cuando me di cuenta
G
que sólo estaba yo.

Pues tú te habías quedado
feliz del otro lado
y por un agujero
G
nomás te espiaba yo.

Y tú del brazo de uno,
G
y tú del brazo de otro,
D7
y yo acá de este lado
G
muriéndome de amor.

Bolero

Una gota en el mar

C
Como las noches
Dm
que me hiciste tan feliz
G7
yo creo que nunca
Em
nunca volveré a vivir.

Am
Porque me diste
Dm
pero tanto, tanto amor
G7 C
que aún estoy lleno de ti.

C
Mi cuerpo entero
Dm
huele a ti, huele a tu amor,
G7
mis labios saben
Em
a tus besos, a tu olor.

Am
Y por los poros
Dm
de mi piel brota el sabor
G7
que tú sembraste
C
en mis entrañas, corazón.

F Em
Una gota en el mar
Dm
eso es lo que soy,
G7
una gota en el mar
C
en el mar del amor.

F Em
Una gota en el mar
Dm
eso es lo que soy,
y tú eres el mar
G7
donde hoy navega
C
todo el mundo menos yo.

F Em
Una gota en el mar...
etcétera.

Un trono de ilusiones

D
Cuando toca el clarín de la alegría
F7
en lo más sensitivo de mi alma
Db
surges como una diosa, vida mía,
D7
y aunque no estés conmigo
F6
de rodillas temblando
D
te adoro sin palabras.

F#
Por ti yo hago posible lo imposible
D9
como es volver las penas cosas bellas,
F#
un palacio de sol donde seas reina
y de esclavas te doy, con permiso de
D
Dios,
D7
la luna y las estrellas.

Dm
Voy cruzando los mares de la vida
Fm
en mi barca llenita de pasiones
Dm
y aunque soy vagabundo sin fortuna
F
en mis sueños yo soy
Fm
rey que pone a tus pies
Dm
un trono de ilusiones. ❧

Verte vencida

Bb
A ti qué te importa,
a ti qué te importa,
que poco a poquito,
nomás por quererte
Eb7
mi vida se acabe,
si al fin y al cabo
lo que estoy sufriendo
nomás por quererte
Bb
ni el cielo lo sabe.

Tú ya no recuerdas
que aquí entre mis brazos
Bb7
llorando dijiste:
Eb
nomás tuya soy
Eb7
y yo con mis besos
Bb
se acaba tu llanto
Eb7
pa' que hoy no te importe
ni tu misma suerte
y cada mañana
Bb
seas de un nuevo amor.

Bb
Te sientes dichosa,

te sientes dichosa,

porque andas gozando

de falsas caricias

Eb7
y vanos placeres

y no te diste cuenta

que fuiste más linda

que un cielo de mayo

Bb
y hoy mira lo que eres.

Parece mentira,

parece mentira,

Bb7
que al verte perdida

Eb
te quiera yo más;

Eb7
la vida qué vale,

Bb
el mundo qué importa

Eb7
junto a este cariño

que al verte vencida

espera que vuelvas

Bb
pa' quererte más.

Ranchera

Ya se te fue el tren

G
Qué te pasa corazón,
D7
por qué sufres, por qué lloras,
¿no que tú las poderosas?,
G
¿no que tú de todas, todas?

G7
Te lo dije vida mía,
C
aprovecha hoy que te vivo,
G
pero no me hiciste caso
D7
y te fuiste a otros brazos,
G
aventándome al olvido.

D7
No te lo quería decir,
G
pero mírate al espejo,
D7
no te lo quería decir,
G
pero todo en ti, ya es viejo.

G7
No te lo quería decir,
C
si a mi sombra le fallé,
G
no te lo quería decir,
D7
no te lo quería decir,
G
pero ya se te fue el tren.

Equivalencias de cifrado de guitarra

1

Do = C
Re = D
Mi = E
Fa = F
Sol = G
La = A
Si = B

2

C = Do mayor
D = Re mayor
E = Mi mayor
F = Fa mayor
G = Sol mayor
A = La mayor
B = Si mayor

3

Cm = Do menor
Dm = Re menor
Em = Mi menor
Fm = Fa menor
Gm = Sol menor
Am = La menor
Bm = Si menor

4

C6 = Do con sexta
D6 = Re con sexta
E6 = Mi con sexta
F6 = Fa con sexta
G6 = Sol con sexta
A6 = La con sexta
B6 = Si con sexta

5

Cb = Do bemol
Db = Re bemol
Eb = Mi bemol
Fb = Fa bemol
Gb = Sol bemol
Ab = La bemol
Bb = Si bemol

6

C# = Do sostenido
D# = Re sostenido
E# = Mi sostenido
F# = Fa sostenido
G# = Sol sostenido
A# = La sostenido
B# = Si sostenido

7

C7 = Do con séptima
D7 = Re con séptima
E7 = Mi con séptima
F7 = Fa con séptima
G7 = Sol con séptima
A7 = La con séptima
B7 = Si con séptima

8

C9 = Do con novena
D9 = Re con novena
E9 = Mi con novena
F9 = Fa con novena
G9 = Sol con novena
A9 = La con novena
B9 = Si con novena

& Alfredo Velázquez Vera, *cifrado*.

Catálogo general de canciones

El abajeño
A cada paso que doy
Adónde estará mi amor
Adónde te hallas
A la noche con la luna
A mi madrecita
A prisión perpetua
A su salud
Adiós a México
Adiós para siempre
El Águila Negra
¡Ah!, qué María
Ahora tú ya no me quieres
Al fin se fue
Alegres se ven los campos
Aleluya aleluya
Allá en mi rancho
Allá por Xochimilco
Americanita
Amorcito
Amorcito consentido
Amores que van y vienen
Ando muy borracho
Anillo de compromiso
Anoche estuve llorando
El apostador
Aquella noche
Aquí está Heraclio Bernal
Árbol seco
El árbol seco
Arrastrando la cobija
Arrieros somos
Arrullo
La atómica
El atrevido
Aunque me cueste la vida
¡Ay!, chatita de mi vida
Ay, corazón de a peso
¡Ay!, qué haré yo
Brindo por ella
Buenos días amor
La cama de piedra
Canciones
Canta corazón, canta
El capitán bala roja
Capitán de marina
Cariñito mío
Cariño
Cariño bonito
Cariño cariño
Cariño dónde estás
Cariño mío
Cariño santo
El cariñoso
Carta abierta
Chaparrita chula
La chaparrita de oro
El charro
El charro chaparro
La chata
La chucha
El cilindrero
Cinco minutos
Cinco minutos más viejo
Cleopetra
Colorín colorado
Cómo la ves desde ahí
El compadre más padre
Con la misma moneda
Corazón apasionado
Corazón de a peso
Corazón olvidado
Corazoncito querendón
Corazoncito tirano
Cuando es puro el amor
Cuando se quiere, se quiere
Cuando te acuerdes de mí
Cuatitos de la parranda

Cuatro ríos
Danzones
De mano en mano
De Morelos es la chata
Decepción
Del cielo cayó una rosa
Derecho a la vida
Desengaño
La desentendida
Despierta ya
Destino cruel
Dios dijo amaos
Dios te estoy hablando
La divina garza
Don Guillermo
Dos monedas
Entonces te amaré
Es el amor
Escaleras de la cárcel
La escondida
Estoy adorando a un ángel
Fallaste corazón
Feliz matrimonio
La florerita
Fui queriendo ahí nomás
El gallo colorado
El gallo giro
El general
Gringuita
Grítenme piedras del campo
Güerita
Guitarras, lloren guitarras
Hacia la vida
Hasta luego
Hasta nunca
Hasta que salga el sol
Hay unos ojos *(arreglo)*
Heraclio Bernal
Hermosísimo lucero
El hijo de buena raza
El hombre alegre
El hombre del alazán
El huasteco
La huerfanita
El indio
La ingrata
El inocentito
Invierno en verano
La Jesusa
Juanita la enamorada
La Lupita
La que sea
Lo de más es lo de menos
Lo del agua al agua
Lucero negro
Mala suerte
Maldito destino
Maldito negro
Mamá Lupita
Margarita
María del Carmen
María Teresa
La mariposa
Mañanitas a la Virgen
Mañanitas a mi madre
Me desgracié
Me lleva el diablo
Me voy a largar de aquí
Me voy para no volver
Me voy pero vuelvo
Media luna
México
Mi adoración
Mi cariño santo
Mi chata
Mi chatita
Mi general
Mi gran amor por ti
Mi querida Alicia
Mi vida
Miel amarga
El mil amores
Mis noches las hago días
El modesto Pantaleón

La momiza
Muchos años
La muerte por amor
Mujer ladina
El mundo es mío
No hay derecho
No me dejes nunca, nunca, nunca
No me toquen ese vals
No necesito dinero
No soy monedita de oro
No te da derecho
No te vayas
Noche de estrellas
La noche en que te fuiste
El norteño
Nube pasajera
Nuestro gran amor
Oaxaqueña
Oiga doña
Óigame compadre
Ojitos de engaña veinte
Ojos de engaña veinte
Ojos querendones
Ora o nunca corazón
Pa' qué he de querer
Pago con la misma moneda
Pajarillo de la sierra
Palabra de macho
Paloma piquito de oro
Pancho Claus
El parrandero
El patito feo
Perdón si te molesté
Perra vida
Pídeme lo que quieras
Pobre pobre de mí
Por ai por ai
Por qué te vas
Por quién me dejas
Por una mujer
Pos qué le voy hacer
Primavera de amor
Primer corrido de Heraclio Bernal
La puñalada
Puerto Rico
Puro amor
Qué le voy a hacer
Qué manera de perder
Qué me duras
Que me lleve el diablo
Qué nos dura
Qué pensó
Qué rechulo es querer
Qué si te quiero, ¡júralo!
Que siga la bola
Que te lleve el diablo
Qué te parece
Qué voy hacer
Quiero gritar con el alma
Quieto capulín
El ranchero
Rebelde al destino
El revolucionario
El rey de Texas
Rinconcito de Jalisco
La rosa de oro
El sabroso
La sandunguera
Se me revuelca el cuerpo
Sé que te duele
El seis
Serenata a mi madre
Serenata tamaulipeca
Si no te vas
Si quieres más
Si tú me quisieras
Siempre en domingo
Siempre hace frío
Silencio
Silencio corazón
Soy el soldado revolucionario
Su majestad don dinero
Tamaulipas querida
El tamaulipeco

El álbum de Cuco

Esta obra fue impresa en el mes de agosto de 2001
en los talleres de Acabados Editoriales Incorporados, S.A. de C.V.,
que se localizan en San Fernando 484-B,
colonia Tlalpan centro, en la ciudad de México, D.F.
La encuadernación de los ejemplares se hizo
en los mismos talleres.